GLORIA CIAPPONI - LUCA CONCA

COCCINELLE

CHERCHER LA FEMME

La Boîte à Bulles

La Boîte à Bulles
93 avenue Henri Adam, 37550 Saint-Avertin

Éditeur : Quentin Guibereau
Directeur éditorial : Vincent Henry
Dépôt légal : mai 2024
Isbn : 978-2-84953-494-6

Achevé d'imprimer en avril 2024
par les imprimeries Finidr (République tchèque).

www.la-boite-a-bulles.com
contact@la-boite-a-bulles.com

PRÉFACE

Par Thierry Wilson*

Si tant est que le bonheur soit une quête perpétuelle, Coccinelle a conquis le sien à force d'une volonté tenace. Elle s'est toujours considérée comme victime d'une erreur de la nature. Si Simone de Beauvoir a écrit « on ne naît pas femme, on le devient », Coccinelle en est la preuve. De toute sa vie incroyable, elle n'aura souhaité qu'une seule chose : qu'on s'adresse à elle en lui disant « bonjour » ou « au revoir, madame ». Elle ne quitta ce monde qu'avec un seul regret : celui de ne pas avoir connu l'adolescence d'une jeune fille, le bonheur d'être maman, et la fierté d'être grand-mère.

Coccinelle est et restera à jamais un symbole, une icône et un espoir pour tous les êtres nés dans un « mauvais corps ». Elle restera à jamais cette beauté insolente, cette épicurienne qui a croqué la vie à pleines dents en vivant chaque jour comme si c'était le dernier. J'ai eu la chance de partager les vingt dernières années de sa vie, et vous, chers lecteurs, allez, grâce à cet ouvrage découvrir ses *coccinellades*, comme elle aimait appeler sa vie.

---

* **Thierry Wilson**, connu pour son personnage Zize Dupanier, est un artiste transformiste ayant débuté au cabaret Madame Arthur dans les années 1990. C'est d'ailleurs là qu'il rencontre Coccinelle, avec qui il se marie en 1992. Le couple reste uni jusqu'au décès de Coccinelle en 2006.

NORMANDIE, ÉTÉ 1937.

REGARDE, TONTON, LES COCCINELLES AUSSI, ELLES AIMENT MA LIMONADE !
JE PEUX AVOIR UN VERRE ?
L'ONCLE DE JACQUES ÉTAIT LE GARDIEN DU CHÂTEAU DE SAINT-GEORGES-DES-GROSEILLERS. IL AIMAIT TRAVAILLER AVEC SON NEVEU À SES CÔTÉS.
LA COCCINELLE S'EST ENVOLÉE...
TU SAIS, JACQUES, LES COCCINELLES PORTENT BONHEUR, IL NE FAUT PAS LES TUER.
POURQUOI JE TUERAIS UN INSECTE AUSSI JOLI ?
TU AS RAISON.
ALLONS RETROUVER IRÈNE, ELLE A SÛREMENT FINI DE CUISINER.
MAMAN ET PAPA SONT VENUS TE CHERCHER, MON CHÉRI.
OH, NON !
TU REVIENDRAS VITE, DIS ?
OUI, IRÈNE !
ALLEZ, ON SE DÉPÊCHE !
ET ENLÈVE CE TABLIER, JACQUES, TU N'AS PLUS ÉCOLE AVANT DEUX MOIS.

VOUS ÊTES TROP LENTS ! DÉPÊCHEZ-VOUS, ON VA LOUPER LE TRAIN !
SI JACQUES ET SES PARENTS S'EN ALLAIENT SI PRÉCIPITAMMENT, C'EST PARCE QUE CHARLES, SON PÈRE, DÉTESTAIT SON BEAU-FRÈRE. POUR RIEN AU MONDE IL N'AURAIT PASSÉ UNE NUIT AU CHÂTEAU.
QUAND ILS REJOIGNIRENT PARIS, IL ÉTAIT DÉJÀ TARD.
NOUS AURIONS PU RESTER AUX GROSEILLERS POUR LA NUIT, CHARLES...
JE SUIS FATIGUÉ, MAMAN.
ON Y EST PRESQUE, CHÉRI.
ENTRE VITE, ON VA DISCUTER !
À BOIRE !
JACQUES, MON CHÉRI, VA TE COUCHER.
SUR LE LIT DE SES PARENTS, IL Y AVAIT UNE POUPÉE. SA ROBE ROUGE DONNAIT UNE TOUCHE DE FÉMINITÉ À CETTE PIÈCE NUE.
CHARLES L'AVAIT GAGNÉE À UN STAND DE TIR DE LA FOIRE DU TRÔNE. JACQUES S'IMAGINAIT QUE C'ÉTAIT UN CADEAU POUR SA MÈRE.
ARRÊTE, S'IL TE PLAÎT. TON FILS T'ENTEND.
FERME-LA !
D'AILLEURS, QUI ME GARANTIT QUE C'EST BIEN MON FILS ?

À L'AIDE, PAPA !

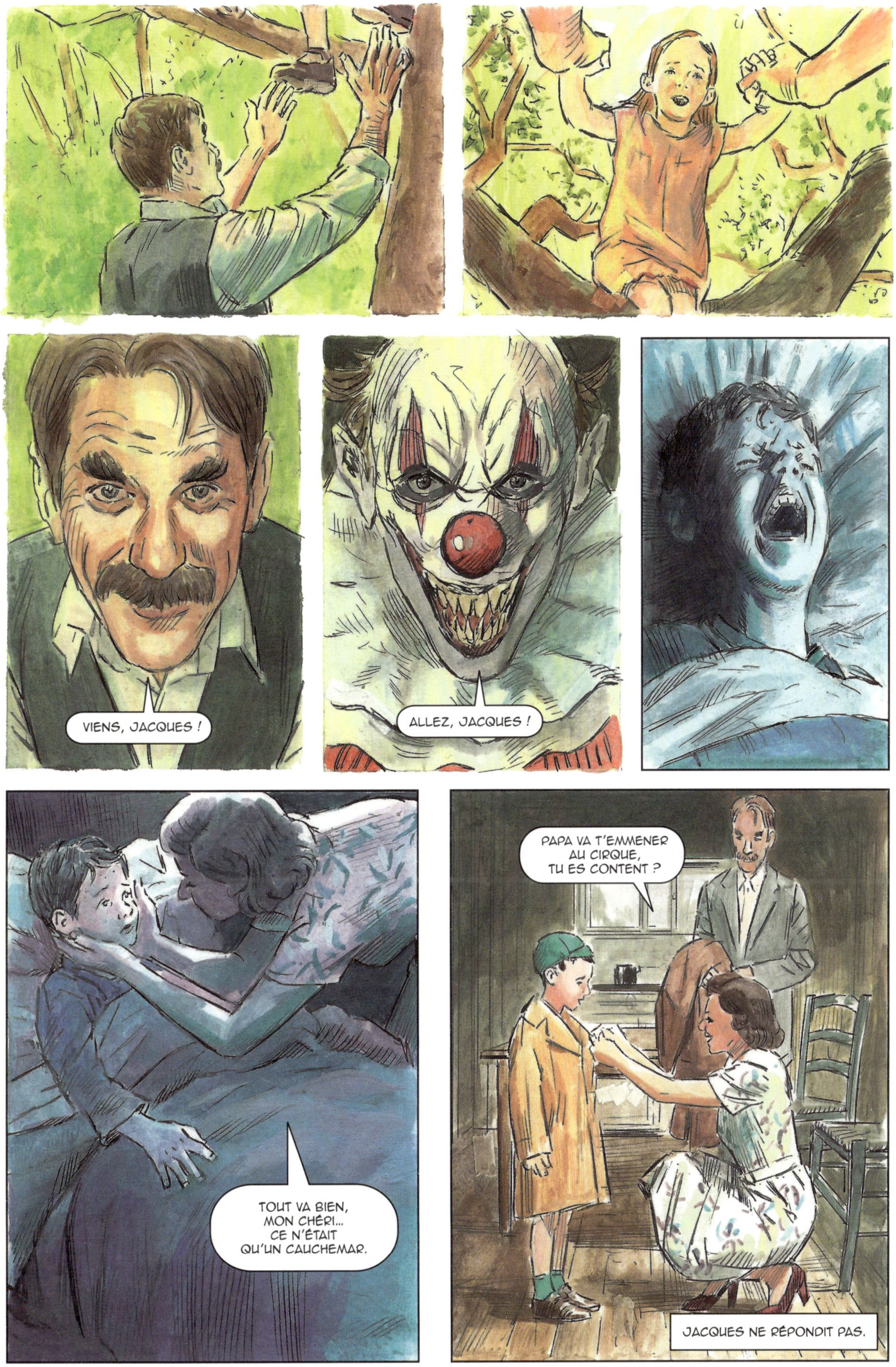
VIENS, JACQUES !
ALLEZ, JACQUES !
TOUT VA BIEN, MON CHÉRI... CE N'ÉTAIT QU'UN CAUCHEMAR.
PAPA VA T'EMMENER AU CIRQUE, TU ES CONTENT ?
JACQUES NE RÉPONDIT PAS.

CHAQUE JEUDI, JOUR SANS CLASSE, CHARLES EMMENAIT SON FILS AU CIRQUE. PARFOIS, ON Y JOUAIT UN SPECTACLE DE FÉERIES DANS LEQUEL IL RETROUVAIT SES PERSONNAGES DE CONTES DE FÉES PRÉFÉRÉS.
MAIS LE PLUS SOUVENT, LE JEUDI ÉTAIT LE JOUR DES CLOWNS.
ET CEUX-CI SUSCITAIENT DES ANGOISSES TERRIBLES À JACQUES.

LE JOUR DE LA RENTRÉE, JACQUES AURAIT AIMÉ QUE SA MÈRE L'ACCOMPAGNE, MAIS CETTE FOIS ENCORE, ELLE DUT RENONCER À QUITTER LA MAISON À CAUSE DES ECCHYMOSES SUR SON VISAGE.
REGARDE, C'EST LA PETITE PRINCESSE !
À L'ÉCOLE, JACQUES NE JOUAIT PAS AVEC LES AUTRES GARÇONS.
IL PRÉFÉRAIT S'EN TENIR ÉLOIGNÉ.
COMME IL S'AMUSAIT LE SOIR AVEC LES FILLES DE SA VOISINE, IL HÉRITA DU SURNOM DE "PETITE PRINCESSE".

LE SOIR, EN ATTENDANT LE RETOUR DE SES PARENTS, IL PARCOURAIT LES MAGAZINES DE MODE DE SA MÈRE...
... ET JOUAIT AU GRAND COUTURIER, Y DÉCOUPANT SES TENUES PRÉFÉRÉES.
JACQUES SE RÊVAIT AUTREMENT.

EN 1945, JACQUES AVAIT 14 ANS ET LA ROBE DE SA MÈRE LUI ALLAIT DÉSORMAIS PARFAITEMENT.
SEUL SON TORSE PLAT LE DIFFÉRENCIAIT DES FEMMES DES MAGAZINES. MAIS LORSQU'IL LA PORTAIT, IL SENTAIT NAÎTRE EN LUI DES CHOSES MERVEILLEUSES ET POUVAIT RESTER DES HEURES À S'ADMIRER.
JE SUIS DE RETOUR !
CHANGE-TOI. TON PÈRE VA ARRIVER.
TU M'AIMES TOUJOURS, MAMAN ?
JE T'AIMERAI TOUJOURS, TU SAIS BIEN...
TANT QUE TU ES HEUREUX, JE SERAI TOUJOURS DE TON CÔTÉ.
JE DIS SIMPLEMENT QUE JACQUES FERAIT UN TRÈS BON COIFFEUR.
ET UN APPRENTISSAGE LUI PERMETTRAIT DE GAGNER QUELQUES SOUS ET UN PEU D'AUTONOMIE.
COIFFEUR ?!
JE NE VEUX PAS VOIR MON FILS DANS UN SALON DE COIFFURE.
LES COIFFEURS, C'EST TOUS DES FIOTTES !

FINALEMENT, CHARLES CÉDA. À UNE SEULE CONDITION...
JE VEUX BIEN VOUS LE LAISSER, MAIS IL NE COIFFERA QUE DES HOMMES, C'EST BIEN CLAIR ?
ENTENDU, MONSIEUR DUFRESNOY, VOUS AVEZ MA PAROLE.
LE SALON ÉTAIT SITUÉ RUE BLONDEL, UN HAUT LIEU DE LA PROSTITUTION. CERTAINES DE CES PÉRIPATÉTICIENNES FRÉQUENTAIENT MÊME LE SALON.
POSTICHES
TU AS DU TALENT, MON GARÇON. TU SERAS BIENTÔT MEILLEUR QUE MOI.
CHAQUE MATIN, APRÈS LE DÉPART DE SON PÈRE, IL COIFFAIT SA MÈRE COMME UNE STAR DE CINÉMA.
MADAME MONIQUE VEUT QUE TU T'OCCUPES D'ELLE DEMAIN MATIN.
TU AS DES MAINS EN OR, JACQUES !
?!
IL A DU TALENT !
TU TE MOQUES DE QUI, LÀ ?!
ÇA NE VA PAS SE PASSER COMME ÇA, SUIS-MOI À LA MAISON !
COIFFEUR
PAUVRE PETIT.
QUEL GÂCHIS...
TU VAS VOIR CE QUE TU VAS PRENDRE !

JE T'EN PRIE, PAPA, JE SUIS BON LÀ-DEDANS...
C'EST UN MÉTIER DE FIOTTES !
TU SAIS QUOI ? JE VAIS T'ENVOYER EN MAISON DE CORRECTION !
ASSEZ !
JAMAIS JACQUES N'AVAIT ENTENDU SA MÈRE CRIER SI FORT, PAS MÊME LORSQUE SON MARI LA BATTAIT.
IL FAUT QU'ON L'ENVOIE QUELQUE PART JUSQU'À SA MAJORITÉ.
SI TU FAIS ÇA, CHARLES, JE ME JETTE PAR LA FENÊTRE !
BON...
TU RESTES À LA MAISON, MAIS TA CARRIÈRE DE COIFFEUR PREND FIN AUJOURD'HUI. JE VAIS TE TROUVER UN MÉTIER RESPECTABLE.
CETTE NUIT, AUCUN D'EUX NE TROUVA LE SOMMEIL. JACQUES NE SAVAIT PAS ENCORE QUE LA CRISE PATERNALISTE DE CHARLES ALLAIT POSER LES GERMES DE SA RENAISSANCE.
QUELQUES JOURS PLUS TARD, IL FAISAIT SES PREMIERS PAS À L'AUTOMOBILE CLUB DE FRANCE, PLACE DE LA CONCORDE.

PENDANT SA PAUSE DÉJEUNER, JACQUES ADMIRAIT PARIS DEPUIS LA LARGE TERRASSE. IL SE QUESTIONNAIT SUR SON AVENIR.
MÊME S'IL N'AVAIT PAS CHOISI CE MÉTIER, IL SE SENTIT ASSEZ VITE CHEZ LUI ICI, BAIGNÉ DANS LE LUXE...
IL PARCOURAIT LA RUE ROYALE, ET CE MONDE LUI TENDAIT LES BRAS.
IL S'ARRÊTAIT DEVANT LES MAGASINS DE LUXE, LES BIJOUTERIES...
... ET SE FAISAIT OFFRIR DES ÉCHANTILLONS DE PARFUMS, PRÉTEXTANT QUE C'ÉTAIT POUR SA MÈRE.
MAIS CE POUR QUOI IL NOURRISSAIT UNE VÉRITABLE PASSION, C'ÉTAIT LES FOURRURES ET LES AMOUREUX. DANS CET ORDRE.
IL SE SENTAIT CHANCEUX D'ÊTRE NÉ DANS LA PLUS BELLE VILLE DU MONDE.

UN SAMEDI APRÈS-MIDI, ALORS QUE JACQUES PRENAIT SA PAUSE DEVANT L'HÔTEL CRILLON...
TOUJOURS EST-IL QU'IL FIT LA RENCONTRE DE LUCRÈCE.
... SURGIT UNE CRÉATURE AUX CHEVEUX LONGS. ÉTAIT-CE CEUX D'UNE FEMME ? UNE PERRUQUE ? IL N'EN SAVAIT RIEN.
DÈS LORS, CELLE-CI VINT RÉGULIÈREMENT LUI RENDRE VISITE, LUI RACONTANT DES BRIBES DE SA VIE DANS LES CABARETS.
À TRÈS BIENTÔT.

EN RÉALITÉ, JACQUES N'AVAIT PAS COMPLÈTEMENT ABANDONNÉ LA COIFFURE. IL CONTINUAIT DE S'OCCUPER DE MONIQUE À DOMICILE.
JACQUES, JE SUIS TELLEMENT CONTENTE DE TE VOIR ! J'AI UNE SURPRISE POUR TOI !
MAIS QUAND ON AURA FINI, JE DEVRAI T'APPELER JACQUELINE.
FINI QUOI ?
TOI QUI ME PARLAIS TOUT LE TEMPS DE ROBES... !
C'EST MAGNIFIQUE !
ENFILES-EN UNE, JE SUIS SÛRE QUE TU SERAS MAGNIFIQUE DEDANS !
MAINTENANT ?
DÉPÊCHE-TOI, TU DOIS ENCORE T'OCCUPER DE MES CHEVEUX !

JACQUES PASSAIT VOIR MONIQUE DE PLUS EN PLUS SOUVENT.
QU'EST-CE QUE TU VAS PORTER, TOI ?
QUELQUE CHOSE DE SOBRE, COMME TOUJOURS !
LA PERRUQUE ME VA BIEN ?
TU ES MAGNIFIQUE, CHÉRIE, MAIS SOIGNE TON REMBOURRAGE !
CE SOIR, JE T'EMMÈNE DANS UN ENDROIT TRÈS SPÉCIAL.
MADAME
ARTHUR
Cabaret
MADAME ARTHUR ÉTAIT LE PREMIER CABARET OÙ SE PRODUISAIENT DES TRANSFORMISTES. IL SUSCITAIT BEAUCOUP DE CURIOSITÉ ET ATTIRAIT UN PUBLIC VARIÉ.
GERMAINE, JE TE PRÉSENTE JACQUELINE. JE LUI AI PROMIS DE LUI PRÉSENTER LES FILLES.

BONSOIR, MADAME GERMAINE, C'EST UN HONNEUR DE VOUS RENCONTRER...
QUELLE JOLIE PETITE COCCINELLE.
SUIS-MOI.
LES FILLES, DITES BONJOUR À CETTE COCCINELLE.
BONSOIR, CHÉRIE.
JACQUES SENTIT POINDRE EN LUI UN DÉSARROI.
UN MALAISE QUI LE RAMENAIT À L'ÉPOQUE OÙ SON PÈRE LE TRAÎNAIT AU CIRQUE.
BIENVENUE, PETITE COCCINELLE.
TU M'AS MANQUÉ, JACQUES !
LUCRÈCE !
C'EST DONC ICI QUE TU TRAVAILLES ?

COMME L'A DIT SACHA GUITRY : "ÊTRE PARISIEN, CE N'EST PAS ÊTRE NÉ À PARIS, C'EST Y RENAÎTRE."
MAIS PENDANT QUE JACQUES S'APPRÊTAIT À FAIRE SA MUE, SA MÈRE, ELLE, SE PERDAIT DANS L'ALCOOL.
PARIS, FÉVRIER 1951.
BONJOUR, MADAME GERMAINE, JE SUIS ICI POUR L'AUDITION.
MADAME ARTHUR
CABARET DANSANT
JE NE ME SOUVIENS PAS DE VOUS.
JE SUIS LA JEUNE FEMME QUE MONIQUE VOUS A PRÉSENTÉE.
LA PETITE COCCINELLE ?
ELLE-MÊME.

* PREMIER RENDEZ-VOUS (1941), INTERPRÉTÉ PAR DANIELLE DARRIEUX DANS LE FILM ÉPONYME.

PAPA, J'AI TROUVÉ UN TRAVAIL DE BARMAN AU MADAME ARTHUR ET...
BARMAN ?!
TOI ?!
OUI, JE CROIS QUE ÇA DEVRAIT ME PLAIRE.
UN RATÉ COMME TOI ?!
J'AI DÉJÀ EU UN ENTRETIEN, ILS M'ONT PROPOSÉ DE FAIRE UN ESSAI.
ET ILS TE PAIERAIENT ?
BIEN SÛR...
TU SAIS, IL POURRAIT GAGNER LE DOUBLE DE CE QU'IL TOUCHE À L'AUTOMOBILE CLUB.
JE VAIS Y RÉFLÉCHIR.
MERCI, PAPA !
CE CÂLIN ÉTAIT CHARGÉ D'UNE GRATITUDE AUTHENTIQUE. JACQUES S'IMAGINAIT DÉJÀ EN STAR CHEZ MADAME ARTHUR.

* MADEMOISELLE DE PARIS (1948), INTERPRÉTÉ PAR JACQUELINE FRANÇOIS.

COCCINELLE, QUEL NOM RIDICULE !
QUELQU'UN A PRIS MON AUTRE PERRUQUE ?
SA ROBE ÉTAIT RIDICULE.
JAMAIS VU QUICONQUE MONTER EN PARÉO SUR SCÈNE AU MADAME ARTHUR !
NE LES ÉCOUTE PAS, CHÉRIE, ELLES SONT JUSTE JALOUSES. SOUVIENS-TOI DES APPLAUDISSEMENTS.
MOI, JE LE TROUVE SUPER, TON NOM DE SCÈNE, COCCINELLE !
C'EST MADAME GERMAINE QUI L'A BAPTISÉE AINSI.
MERCI DE M'AVOIR INVITÉE, LES FILLES.
JACQUES N'AVAIT PAS L'HABITUDE DE FRÉQUENTER LE QUARTIER LATIN, C'ÉTAIT LA PREMIÈRE FOIS QU'ELLE VENAIT RUE DE LA MONTAGNE-SAINTE-GENEVIÈVE.
UN SOURIRE, LES FILLES ?
HEUREUSEMENT, ELLE NE LE RECONNUT PAS.
IL NE S'ATTENDAIT PAS À Y CROISER SA MÈRE.

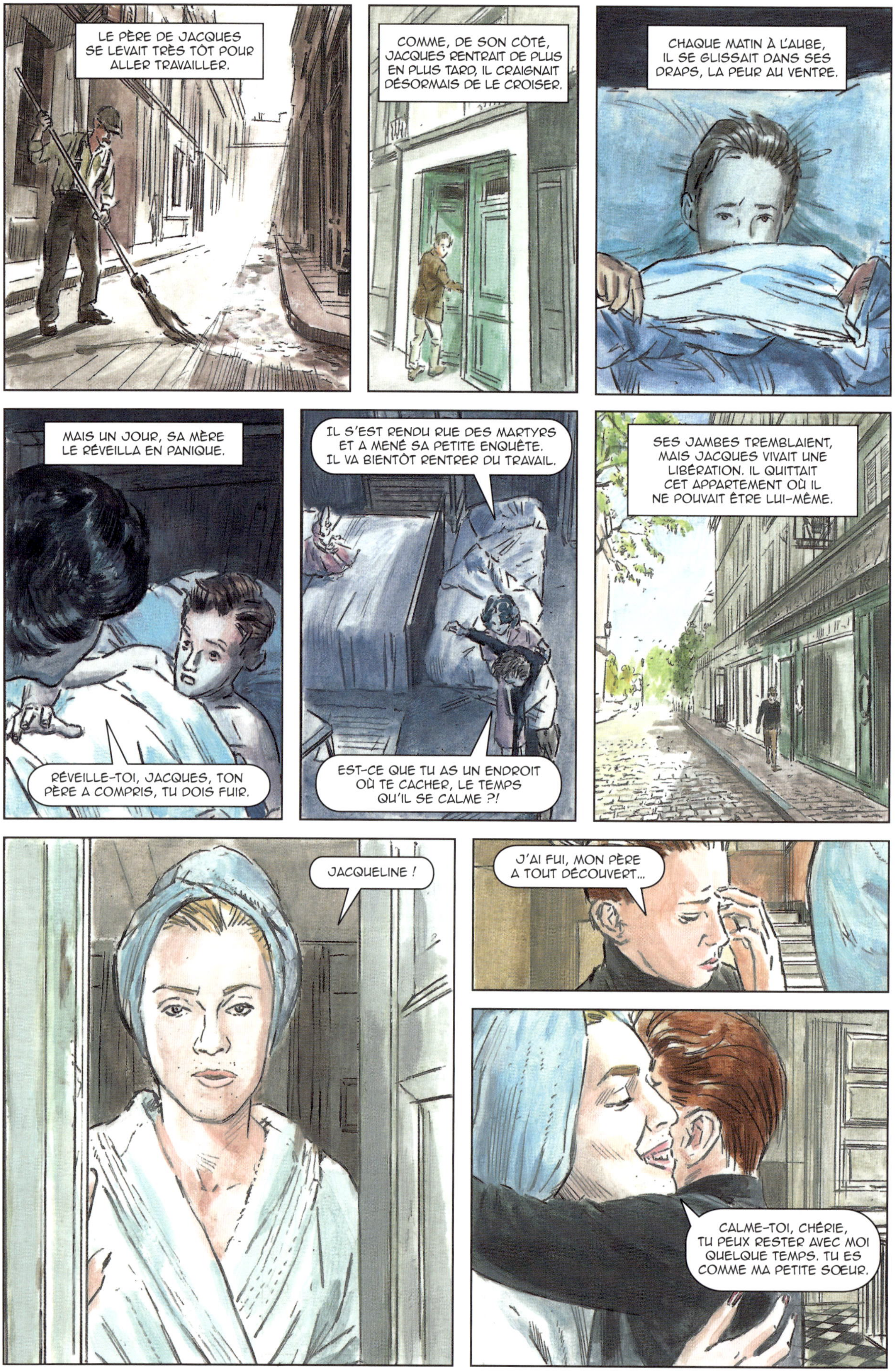
LE PÈRE DE JACQUES SE LEVAIT TRÈS TÔT POUR ALLER TRAVAILLER.
COMME, DE SON CÔTÉ, JACQUES RENTRAIT DE PLUS EN PLUS TARD, IL CRAIGNAIT DÉSORMAIS DE LE CROISER.
CHAQUE MATIN À L'AUBE, IL SE GLISSAIT DANS SES DRAPS, LA PEUR AU VENTRE.
MAIS UN JOUR, SA MÈRE LE RÉVEILLA EN PANIQUE.
RÉVEILLE-TOI, JACQUES, TON PÈRE A COMPRIS, TU DOIS FUIR.
IL S'EST RENDU RUE DES MARTYRS ET A MENÉ SA PETITE ENQUÊTE. IL VA BIENTÔT RENTRER DU TRAVAIL.
EST-CE QUE TU AS UN ENDROIT OÙ TE CACHER, LE TEMPS QU'IL SE CALME ?!
SES JAMBES TREMBLAIENT, MAIS JACQUES VIVAIT UNE LIBÉRATION. IL QUITTAIT CET APPARTEMENT OÙ IL NE POUVAIT ÊTRE LUI-MÊME.
JACQUELINE !
J'AI FUI, MON PÈRE A TOUT DÉCOUVERT...
CALME-TOI, CHÉRIE, TU PEUX RESTER AVEC MOI QUELQUE TEMPS. TU ES COMME MA PETITE SOEUR.

QUELQUES SEMAINES PLUS TARD.
TU PEUX FAIRE UNE RISTOURNE À LA JOLIE DEMOISELLE ?
UN DIMANCHE MIDI, COCCINELLE DÉCIDA DE RENDRE VISITE À SA MÈRE. EN PRINCIPE, À CETTE HEURE-CI, SON PÈRE ÉTAIT TOUJOURS ABSENT.
BONJOUR, MAMAN, TU ES SEULE ?
!
NON, ELLE N'EST PAS SEULE.
PAPA...

ALORS, COMMENT ILS ONT RÉAGI ?
MA MÈRE ÉTAIT EN ÉTAT DE CHOC. MON PÈRE A GRINCÉ DES DENTS SI FORT QUE J'EN ENTENDS ENCORE LE BRUIT... J'AI VU UNE LARME COULER SUR SA JOUE, MAIS CE N'ÉTAIT PAS DE LA DÉCEPTION.
COMMENT ÇA ?
JE NE SAIS PAS... À CET INSTANT, J'AI EU L'IMPRESSION QU'IL M'ACCEPTAIT.
SON COMPORTEMENT A RADICALEMENT CHANGÉ DEPUIS QUELQUES JOURS... IL ME BALADE D'UN TROQUET À L'AUTRE ET ME PRÉSENTE À SES AMIS.
JE N'ARRIVE PAS À Y CROIRE !
IL S'AMUSE À MONTRER À TOUT LE MONDE QUE SON FILS FAIT UNE BELLE FILLE.
ÇA LE FAIT BEAUCOUP RIRE ! MAIS GRÂCE À LUI, JE SUIS POPULAIRE DANS TOUT LE QUARTIER.
PEUT-ÊTRE QUE, BIENTÔT, IL VIENDRA FAIRE LES BOUTIQUES AVEC NOUS !

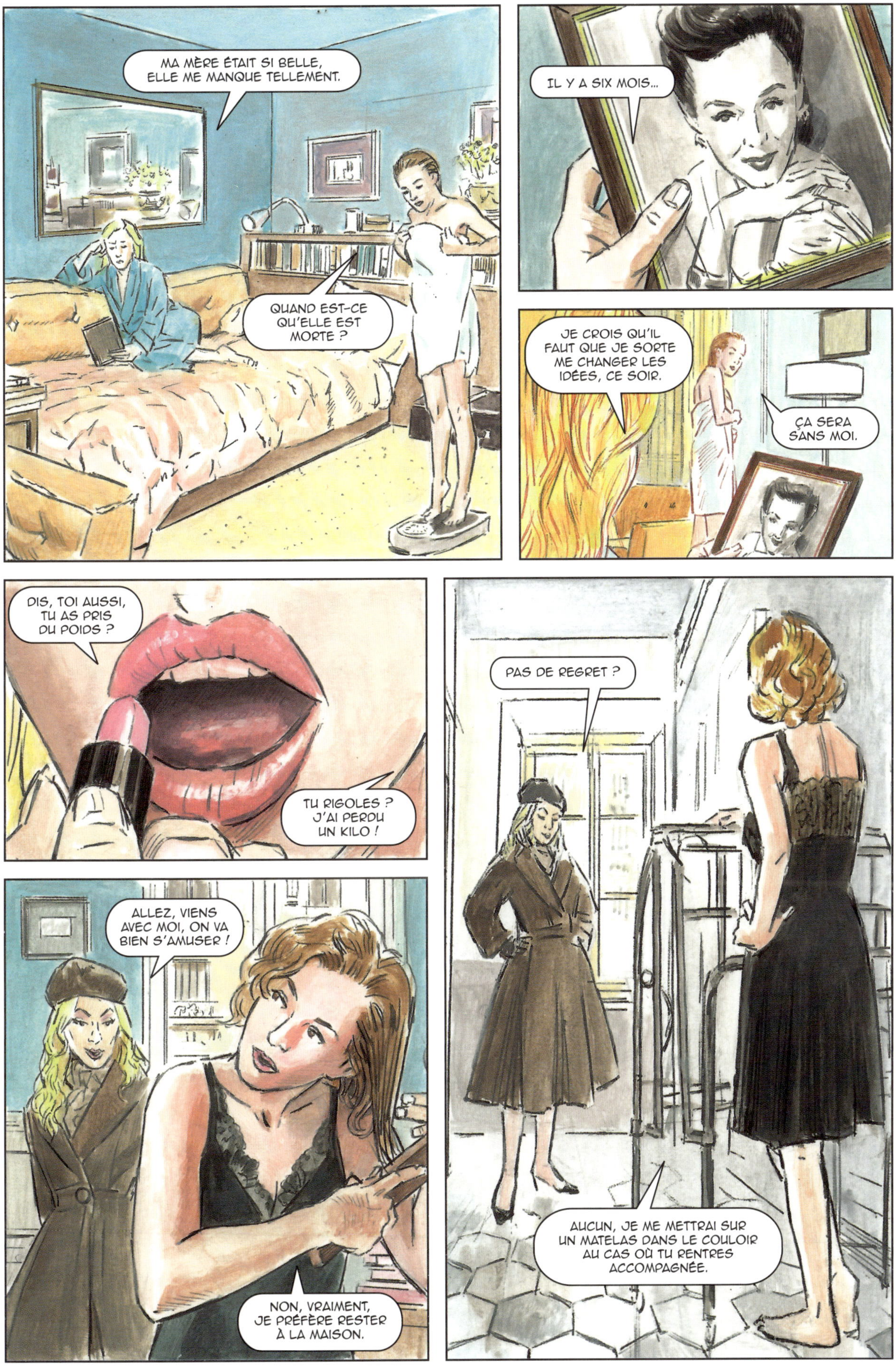
MA MÈRE ÉTAIT SI BELLE, ELLE ME MANQUE TELLEMENT.
QUAND EST-CE QU'ELLE EST MORTE ?
IL Y A SIX MOIS...
JE CROIS QU'IL FAUT QUE JE SORTE ME CHANGER LES IDÉES, CE SOIR.
ÇA SERA SANS MOI.
DIS, TOI AUSSI, TU AS PRIS DU POIDS ?
TU RIGOLES ? J'AI PERDU UN KILO !
ALLEZ, VIENS AVEC MOI, ON VA BIEN S'AMUSER !
NON, VRAIMENT, JE PRÉFÈRE RESTER À LA MAISON.
PAS DE REGRET ?
AUCUN, JE ME METTRAI SUR UN MATELAS DANS LE COULOIR AU CAS OÙ TU RENTRES ACCOMPAGNÉE.

C'EST VRAI QU'ELLE ÉTAIT BELLE.
JACQUELINE ÉTAIT SIDÉRÉE. VENAIT-ELLE DE VOIR LE FANTÔME DE LA MÈRE DE LUCRÈCE ?!
ELLE NE POUVAIT PLUS S'ARRÊTER DE TREMBLER.

VU DU CIEL, PARIS EST UNE VILLE SUR LAQUELLE LE TEMPS N'A PAS DE PRISE, ELLE EST COMME SUSPENDUE ENTRE PLUSIEURS ÉPOQUES.
MAIS VU DE PRÈS, LES RUES FOURMILLENT DE MONDE, LE VA-ET-VIENT DE SES HABITANTS FORME UNE VALSE EFFRÉNÉE.
LE LENDEMAIN SOIR, COCCINELLE REJOIGNIT LE CABARET.
OH MON DIEU, TU TIRES UNE DE CES TÊTES ! QU'EST-CE QU'IL S'EST PASSÉ ?
JE SUIS SÛRE QUE C'ÉTAIT LA MÈRE DE LUCRÈCE. ELLE BRILLAIT ET PORTAIT UNE ROBE DE MARIÉE AINSI QU'UN BOUQUET DE ROSES BLANCHES À LA MAIN.
JE SERAIS MORTE DE PEUR.
JE SUIS RESTÉE LÀ, PÉTRIFIÉE, JE NE SAIS COMBIEN DE TEMPS.
J'EN AI ENCORE DES SUEURS FROIDES.
MA PAUVRE, TU DEVRAIS TE REPOSER, CE SOIR.

PRENDS UN TAXI, ON SE REVOIT DEMAIN.

MAIS COCCINELLE SE SENTAIT PLUTÔT D'HUMEUR À MARCHER. PEUT-ÊTRE CE FANTÔME ÉTAIT-IL APPARU POUR LUI LIVRER UN MESSAGE, UN BON OU UN MAUVAIS PRÉSAGE QU'ELLE N'AVAIT PAS SU DÉCHIFFRER.

SUR LE CHEMIN DE CHEZ ELLE SE TROUVAIT UN ÉTABLISSEMENT DONT ELLE ENTENDAIT BEAUCOUP PARLER.
CARROUSEL DE PARIS
CABARET
DINER
SPECTACLE
MAIS CONTRAIREMENT À D'HABITUDE, LA SALLE ÉTAIT VIDE.
QUI ÊTES-VOUS ?
JE M'APPELLE COCCINELLE.

le Carrousel
LE CARROUSEL DE PARIS ÉTAIT UN DES HAUTS LIEUX DE LA VIE NOCTURNE. BEAUCOUP DES ARTISTES DU MADAME ARTHUR ÉTAIENT ENSUITE DÉBAUCHÉES POUR FAIRE PARTIE DE SON ÉQUIPE. ET POUR CAUSE, SON PATRON, MONSIEUR MARCEL, N'ÉTAIT AUTRE QUE LE MARI DE MADAME GERMAINE.
LA RICHESSE DES COSTUMES DES ARTISTES N'AVAIT D'ÉGAL QUE LEUR ORIGINALITÉ.

IL NE FALLUT PAS BIEN LONGTEMPS POUR QUE COCCINELLE SOIT À SON TOUR REPÉRÉE PAR MARCEL OUISSMANN, LE DIRECTEUR DU CARROUSEL.
MONSIEUR MARCEL, JE SUIS SI HEUREUSE !
TU LE MÉRITES, COCCINELLE, LE PUBLIC DU CARROUSEL T'ATTEND !
QUAND EST-CE QUE JE COMMENCE ?
DÈS QUE TU AURAS SIGNÉ CE CONTRAT.
MAGNIFIQUE !
À CE SOIR !
CARROUSEL DE PARIS

MESDAMES ET MESSIEURS, J'AI L'IMMENSE PLAISIR DE VOUS PRÉSENTER NOTRE NOUVELLE VEDETTE... COCCINELLE !
QUAND MONSIEUR LE TEMPS UN BEAU JOUR DE PRINTEMPS FAIT D'UNE SIMPLE ENFANT PRESQUE UNE FEMME...
AH ! QU'IL DOIT ÊTRE DOUX ET TROUBLANT L'INSTANT DU PREMIER RENDEZ-VOUS.
DANS LE SONGE BLEU D'UN AVENIR JOYEUX, FERMANT LES YEUX, ELLE SOUPIRE AU FOND DE L'ÂME.

SON BIKINI DE STRASS ET SES DANSES ALLUSIVES FIRENT SENSATION CE SOIR-LÀ. C'ÉTAIT DU JAMAIS VU SUR LA SCÈNE DU CARROUSEL.
JE NE VOIS PAS COMMENT ÇA POURRAIT ÊTRE UN HOMME.
J'AIMERAIS BIEN ALLER VÉRIFIER EN COULISSES.
DE NOMBREUSES CÉLÉBRITÉS SE RENDIRENT À SON SPECTACLE DANS LES SEMAINES SUIVANTES.
TOUT PARIS SE QUESTIONNE SUR L'IDENTITÉ DE CETTE COCCINELLE.
ET BIENTÔT À L'ÉTRANGER, VOUS VERREZ ! LE MOIS PROCHAIN, ELLES PARTENT EN TOURNÉE DANS TOUTE L'EUROPE.
MERCI, VOUS ÊTES UN PUBLIC FANTASTIQUE !
MOI, JE PENSE QUE C'EST UNE FEMME RECRUTÉE PAR LE CABARET POUR NOUS TROMPER.
ET IL N'ÉTAIT PAS RARE QUE DES JOURNALISTES L'ATTENDENT DANS SA LOGE.
EST-IL VRAI QUE VOTRE NOM EST JACQUES-CHARLES DUFRESNOY ?
POUR MON PUBLIC, JE SUIS COCCINELLE.
AVEZ-VOUS UN CONJOINT ?
PAS POUR LE MOMENT... JE SUIS TRÈS DEMANDÉE.

UNE ÉTOILE ÉTAIT SUR LE POINT DE NAÎTRE.
NICE MAXIM'S NICE
LA TROUPE OFFICIELLE DU
CARROUSEL DE PARIS
AVEC LES PLUS BEAUX TRAVESTIS DU MONDE ET
COCCINELLE
NICE ★ NICE ★ NICE ★ NICE ★

LA TOURNÉE EUROPÉENNE CONNUT UN SUCCÈS RETENTISSANT...
... ET MARCEL OUISSMANN S'ENTHOUSIASMAIT DE LA COUVERTURE MÉDIATIQUE DONT BÉNÉFICIAIT SA PROTÉGÉE.
CARROUSSEL de Paris
Le plus Beau Travesti du monde
Coccinelle
dans ses tours de Chant et son
STRIP-TEASE "HAUTE COUTURE"
SEUL POINT NOIR AU TABLEAU : LE MOT "CARROUSEL" PEINT SUR LE FLANC DE LEUR BUS ATTIRAIT DÉSORMAIS LES CONTRÔLES DE POLICE. COCCINELLE LES RECEVAIT AVEC ESPIÈGLERIE.
JE VAIS DEVOIR VÉRIFIER VOS PAPIERS D'IDENTITÉ, MESDAMES.
MONSIEUR JACQUES-CHARLES DUFRESNOY ?
EN PERSONNE.
!
TU AURAIS VU LA TÊTE DE L'AGENT, IL NE POUVAIT PAS DÉCROCHER DE MA POITRINE.
LES HORMONES FONCTIONNENT DRÔLEMENT BIEN SUR TOI !
APRÈS PLUSIEURS SEMAINES, LE BUS RAMENA LES FILLES CHEZ ELLES.
ET COCCINELLE S'APPRÊTAIT À RETROUVER DÈS LE LENDEMAIN SON PUBLIC DU CARROUSEL.

MESDAMES, JE VOUS PRÉSENTE BAMBI, ELLE MONTERA SUR SCÈNE AVEC VOUS, CE SOIR !
MARIE-PIERRE PRUVOT, ALIAS BAMBI, N'EN ÉTAIT ENCORE QU'À SES DÉBUTS, MAIS ON PARLAIT DÉJÀ D'ELLE COMME D'UNE FUTURE STAR.
RAVIE DE TE RENCONTRER, BAMBI.
J'AI HÂTE DE TE VOIR SUR SCÈNE, JE SUIS SÛRE QUE TU VAS LES IMPRESSIONNER !
MERCI BEAUCOUP !
BAMBI, À TOI !
BAMBI SAVAIT PERTINEMMENT QU'ELLE NE POUVAIT PAS ENCORE RIVALISER AVEC COCCINELLE, MAIS ELLE ESPÉRAIT AU MOINS S'ATTIRER SA SYMPATHIE.
TU TE TRANSFORMES SUR SCÈNE, TU ES SPLENDIDE !
TU TROUVES ?
OUI. ATTENDS-MOI APRÈS LE SPECTACLE.
COCCINELLE, JE VAIS T'ANNONCER !
TU DEVRAIS TE DÉCOLORER ET TENTER UN LISSAGE, MA CHÉRIE.
JE CROIS QUE TU AS DÉJÀ GAGNÉ SON CŒUR.

TAXI !
JACQUELINE, EST-CE QUE TU M'IMAGINES EN BLONDE ?
JACQUELINE NE CONNAISSAIT MARIE-PIERRE QUE DEPUIS QUELQUES HEURES, MAIS ELLE LA TRAITAIT DÉJÀ COMME UNE VIEILLE AMIE.
JE SUIS SÛRE QUE ÇA T'IRAIT À MERVEILLE !
8 BOULEVARD DE CLICHY.
C'EST PRÊT !
C'EST DÉLICIEUX !
UN JOUR, J'OUVRIRAI MON PROPRE RESTAURANT... MAIS D'ABORD, JE DOIS DEVENIR UNE STAR !
ET TOI, DE QUOI TU RÊVES ?
J'AIMERAIS FAIRE VENIR MA MÈRE D'ALGÉRIE.
MAIS SI JE POUVAIS DÉJÀ COMMENCER PAR TROUVER UN LOGEMENT POUR MOI...
CHÉRIE, TU DOIS RÊVER PLUS GRAND !
ET POUR CE QUI EST DE L'APPARTEMENT, TU ES ICI CHEZ TOI.
VRAIMENT ?
J'AI L'IMPRESSION D'AVOIR UNE SOEUR MAINTENANT. ON VA BIEN S'AMUSER TOUTES LES DEUX.
MERCI BEAUCOUP.
TAXI

QUELQUES JOURS PLUS TARD À L'AUBE, LE FACTEUR APPORTA UNE NOUVELLE À LAQUELLE JACQUELINE NE S'ÉTAIT PAS PRÉPARÉE.
!
OH NON, C'EST TERRIBLE !
MARIE-PIERRE ? TU NE VAS PAS ME CROIRE.

C'EST UNE CONVOCATION À L'EXAMEN MÉDICAL.
PEUT-ÊTRE QU'ILS TE RÉFORMERONT ? EN TOUT CAS, TU DEVRAIS RESTER PRUDENTE. SI J'ÉTAIS TOI, JE ME COUPERAIS LES CHEVEUX ET M'HABILLERAIS EN HOMME.
J'AI ENVIE DE PLEURER.
MAIS NON, JE VAIS M'OCCUPER DE TOI !
ENSUITE, ON METTRA DU GEL. ÇA VA VITE REPOUSSER, TU VERRAS !
COCCINELLE DÉTESTAIT PORTER DES PANTALONS. SUR LE CHEMIN DU CENTRE MÉDICAL TOURNAIENT EN BOUCLE DANS SA TÊTE LES IMAGES DE SA MAGNIFIQUE CHEVELURE BLONDE SUR LE CARRELAGE DE LA SALLE DE BAINS. ELLE N'ESPÉRAIT QU'UNE CHOSE : QUE LE MÉDECIN LA RÉFORME.
JE NE SUIS PAS SÛR QUE CETTE POITRINE SOIT UN PROBLÈME POUR L'ARMÉE, SI ?
MOI NON PLUS, M. DUFRESNOY M'A L'AIR TOUT À FAIT APTE.
!

MAIS QU'IMPORTE, JACQUELINE AVAIT D'AUTRES IDÉES EN TÊTE.
TU N'AS PAS PEUR QU'ILS T'APPELLENT ?
JE LEUR AI DONNÉ LE NUMÉRO DE CHEZ MES PARENTS. AVEC UN PEU DE CHANCE, ILS ABANDONNERONT AVANT DE M'AVOIR RETROUVÉE.
CHÉRIE, ON NE T'OUBLIE PAS COMME ÇA !
AU FIL DES SEMAINES, LES CHEVEUX DE JACQUELINE REPOUSSAIENT ET ELLE S'APPRÊTAIT DÉJÀ À REPARTIR EN TOURNÉE.
carrousel
ELLE FIT À NOUVEAU LE TOUR DE L'EUROPE VÊTUE DE ROBES À PAILLETTES, DE PLUMES ET DE FOURRURES.
COCCINELLE DEVENAIT LA DIVA QU'ELLE AVAIT TOUJOURS RÊVÉ D'ÊTRE.
Carrousel

MAIS ELLE NE S'ÉTAIT PAS ENCORE DÉBARRASSÉE DE CERTAINS OBSTACLES.
JACQUELINE, TA MÈRE A ENCORE APPELÉ, LA POLICE TE RECHERCHE ET ÇA A L'AIR URGENT !
L'ARMÉE AVAIT D'ABORD DÉCLARÉ JACQUELINE "INSOUMIS", PUIS ÉTAIT REVENUE SUR SA DÉCISION APRÈS L'AVOIR RETROUVÉE. ELLE FUT ENVOYÉE AU MONT VALÉRIEN.
EN DEUX ANS, LA PRISE D'HORMONES AVAIT ENCORE TRANSFORMÉ LE CORPS DE JACQUELINE ET ELLE FUT QUASI INSTANTANÉMENT RÉAFFECTÉE AUPRÈS DES AUXILIAIRES FÉMININES.
MAIS LÀ AUSSI, SES CAMARADES VOYAIENT SA PRÉSENCE D'UN MAUVAIS ŒIL.
APRÈS SEULEMENT DEUX SEMAINES, JACQUELINE FUT FINALEMENT RENVOYÉE CHEZ ELLE.
ajourné
Jacques-Charles
C'ÉTAIT TERRIFIANT ! UN ENDROIT REMPLI DE FEMMES HABILLÉES COMME DES HOMMES.
HA HA !
TU SAIS QUOI ? ILS VEULENT ME REFAIRE PASSER UNE VISITE. JE VAIS ME PRÉSENTER AVEC DES TALONS ET UN SOUTIEN-GORGE !
J'ADORERAIS T'ACCOMPAGNER !
ET EFFECTIVEMENT, QUELQUES JOURS PLUS TARD, UNE NOUVELLE CONVOCATION TOMBA.

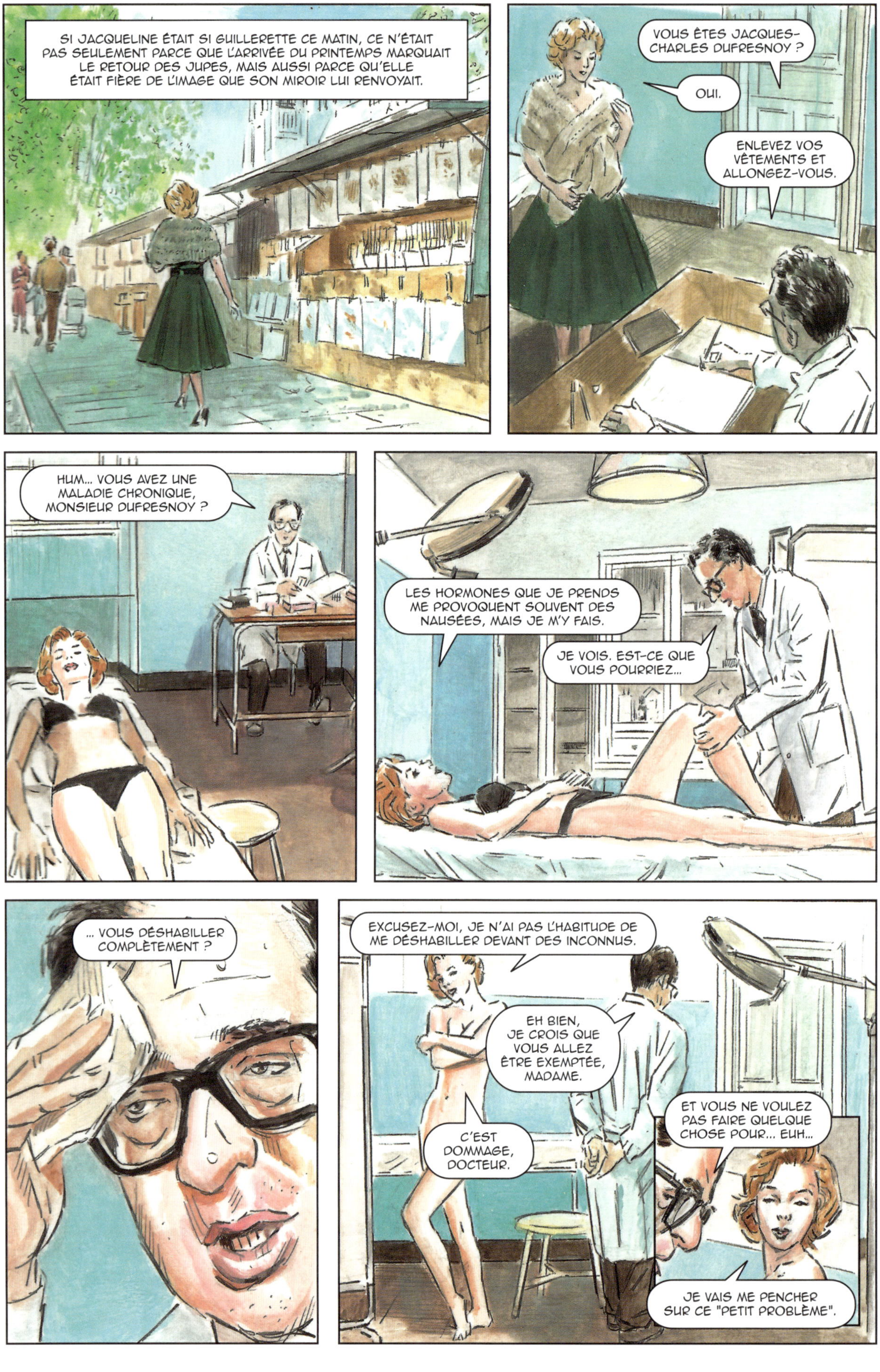
SI JACQUELINE ÉTAIT SI GUILLERETTE CE MATIN, CE N'ÉTAIT PAS SEULEMENT PARCE QUE L'ARRIVÉE DU PRINTEMPS MARQUAIT LE RETOUR DES JUPES, MAIS AUSSI PARCE QU'ELLE ÉTAIT FIÈRE DE L'IMAGE QUE SON MIROIR LUI RENVOYAIT.
VOUS ÊTES JACQUES-CHARLES DUFRESNOY ?
OUI.
ENLEVEZ VOS VÊTEMENTS ET ALLONGEZ-VOUS.
HUM... VOUS AVEZ UNE MALADIE CHRONIQUE, MONSIEUR DUFRESNOY ?
LES HORMONES QUE JE PRENDS ME PROVOQUENT SOUVENT DES NAUSÉES, MAIS JE M'Y FAIS.
JE VOIS. EST-CE QUE VOUS POURRIEZ...
... VOUS DÉSHABILLER COMPLÈTEMENT ?
EXCUSEZ-MOI, JE N'AI PAS L'HABITUDE DE ME DÉSHABILLER DEVANT DES INCONNUS.
EH BIEN, JE CROIS QUE VOUS ALLEZ ÊTRE EXEMPTÉE, MADAME.
C'EST DOMMAGE, DOCTEUR.
ET VOUS NE VOULEZ PAS FAIRE QUELQUE CHOSE POUR... EUH...
JE VAIS ME PENCHER SUR CE "PETIT PROBLÈME".

FÉLICITATIONS, JACQUELINE !
SI ON ALLAIT FAIRE LES BOUTIQUES POUR FÊTER ÇA, MARIE-PIERRE ?
ALLONS RUE DE LA CHAUSSÉE D'ANTIN, IL FAUT QUE JE TE MONTRE UNE PETITE ROBE FAÇON MARYLIN QUI M'IRAIT À MERVEILLE.
JE NE SAIS PAS COMMENT TU TIENS, JE SUIS DÉJÀ ÉPUISÉE, MOI !
IL FAUT SE TENIR AU COURANT DE CE QUE FONT LES CÉLÉBRITÉS POUR EN DEVENIR UNE !
TU SAIS QUE CE N'EST PAS MON TRUC, LES RAGOTS.
MAIS J'AI UNE BONNE NOUVELLE À T'ANNONCER...
J'AI ENFIN TROUVÉ UN APPARTEMENT POUR MA MÈRE ET MOI !
OH, C'EST GÉNIAL !
PROMETS-MOI QU'ON RESTERA COMME DES SŒURS MALGRÉ TOUT !

CE SOIR-LÀ, CHEZ BOUDON, QUAND JACQUELINE, MARIE-PIERRE ET LEUR AMIE CHANTAL ENTRÈRENT, TOUS LES REGARDS SE TOURNÈRENT VERS ELLES. ELLES AVAIENT LE CHIC DE STARS D'HOLLYWOOD.
À NOTRE RÉUSSITE !
JE CROIS QU'UN BEAU BLOND T'OBSERVE, MA CHÉRIE.
QU'IL ME REGARDE AUTANT QU'IL VEUT. CE SOIR, JE RESTE AVEC VOUS. C'EST NOTRE DERNIÈRE SORTIE PARISIENNE AVANT DAKAR !
LE LENDEMAIN, LA TROUPE DU CARROUSEL S'ENVOLAIT POUR LE SÉNÉGAL, OÙ ELLE AVAIT UN ENGAGEMENT DE PLUSIEURS MOIS.

CARROUSEL
COCCINELLE
COCCINELLE ÉTAIT TRÈS FIÈRE DE SA NOUVELLE COUPE À LA BRIGITTE BARDOT.
ELLE TAPA IMMÉDIATEMENT DANS L'OEIL DE JEAN-PIERRE, LE FILS DE LA PATRONNE.
ET LE SCANDALE ÉCLATA.
SI ELLE S'APPROCHE ENCORE UNE FOIS DE MON FILS, JE ROMPS LE CONTRAT !
MAIS LES DEUX AMOUREUX CONTINUÈRENT À SE VOIR EN SECRET À LA PLAGE DE L'ANSE BERNARD.

LA CONDITION SEXUELLE DE COCCINELLE N'ÉTAIT EN RIEN UN PROBLÈME POUR JEAN-PIERRE, PAS PLUS QUE POUR D'AUTRES AVANT LUI.
JE NE VEUX PAS QUE TU T'EN AILLES.
JE N'AI PAS LE CHOIX, NOTRE ENGAGEMENT ICI VA PRENDRE FIN.
MON AMOUR, J'AI EU TORT D'ESPÉRER QUE VOUS SERIEZ PROLONGÉES.
JE TE REJOINDRAI À NICE.
PROMIS.

* "MADEMOISELLE DE PARIS" (1948), INTERPRÉTÉ PAR JACQUELINE FRANÇOIS.

À NICE, DE GRANDES CÉLÉBRITÉS SE PRESSAIENT DÉSORMAIS À SES SPECTACLES.
I'M LOOKING FOR A MILLIONAIRE, A NICE GUY WHO WOULD LIKE ME...
MESDAMES ET MESSIEURS, JE VIENS DE REMARQUER LA PRÉSENCE DANS LA SALLE D'UN INVITÉ DE PRESTIGE, UN VÉRITABLE MILLIONNAIRE. JE VOUS PROMETS QUE LA CHANSON NE LE VISAIT PAS DIRECTEMENT !
PARMI LES RIRES DU PUBLIC RESSORTAIT CELUI DE MARIA CALLAS, LA DIVA, QUI ACCOMPAGNAIT LE CÉLÈBRE ARMATEUR GREC ARISTOTE ONASSIS.
TOUTES MES FÉLICITATIONS, J'AI RI À EN PLEURER.
C'EST UN HONNEUR, MADAME CALLAS.
À CHAQUE FOIS QU'ELLE QUITTAIT SA LOGE, ELLE ÉTAIT SUBMERGÉE PAR LA MASSE DE PHOTOGRAPHES QUI VOULAIENT L'IMMORTALISER AVEC LA CÉLÉBRITÉ DU JOUR.
ELLE POSA AUX CÔTÉS DE BOB HOPE...
... JOAN COLLINS...
... ET EN FIN DE SOIRÉE, ELLE CHOISISSAIT LE CAVALIER QUI L'ACCOMPAGNERAIT POUR LA NUIT...

LA NOTORIÉTÉ DE COCCINELLE LA PRÉCÉDAIT.
MINOUCHE AVAIT SANS DOUTE RAISON, JEAN-PIERRE NE ME REJOINDRA PAS.
COCCINELLE ? ON VA ÊTRE EN RETARD CHEZ TES AMIS !
TU VERRAS, GÉGÉ A UN YACHT IMMENSE !
OH, VOILÀ COCCINELLE !
ON T'ATTENDAIT !
GÉGÉ NOUS A TELLEMENT PARLÉ DE TOI !
ENTOURÉE DE TOUS CES PRÉTENDANTS, ELLE OUBLIAIT RAPIDEMENT AU BRAS DUQUEL ELLE ÉTAIT ARRIVÉE.
TU ES À CROQUER.

VIENS, J'AI QUELQUE CHOSE DE MIEUX À T'OFFRIR.
UN HOMME L'ATTIRA DANS UN ENDROIT ISOLÉ.
TU ATTENDS QUOI POUR TE DÉSHABILLER ?
NON, MAIS VOUS M'AVEZ PRISE POUR QUI ?! JE RETOURNE DANSER.
PUIS UN DEUXIÈME TENTA SA CHANCE.
TU ES SUBLIME.
C'EST GENTIL, MAIS JE VAIS PRENDRE L'AIR !
TU NE PRÉFÈRES PAS ME SUIVRE ?
SANS FAÇON.
ET CELA JUSQU'AU LEVER DU JOUR.

L'ÉTÉ FINI, ELLE REJOIGNIT PARIS, QUI L'ATTENDAIT AVEC IMPATIENCE.
EST-CE QUE JEAN-PIERRE PENSE ENCORE À MOI ?
JACQUELINE, TU ES PRÊTE ? LA LIMOUSINE NOUS ATTEND EN BAS.

JE ME SENS COMME UNE GRANDE DAME À TES CÔTÉS, J'AI SI HÂTE.
SI COCCINELLE CHANGEAIT SOUVENT DE PARTENAIRE, L'ÉLU DE CE SOIR-LÀ ÉTAIT UN HOMME GALANT ET ATTENTIONNÉ. IL AVAIT RÉSERVÉ POUR EUX DEUX UNE TABLE À LA NOUVELLE ÈVE.
Eve
MESDAMES ET MESSIEURS, LE SPECTACLE EST SUR LE POINT DE COMMENCER.
J'ESPÈRE QUE LA VUE TE PLAÎT, J'AI PRIS LA TABLE LA PLUS PROCHE DE LA SCÈNE.
TU ES UN AMOUR, ROGER !
UN TONNERRE D'APPLAUDISSEMENTS POUR NOS DANSEUSES, S'IL VOUS PLAÎT !
ELLES SONT MAGNIFIQUES.
ET TOI, TU ES UNE PRINCESSE.
BIENTÔT, J'Y RESSEMBLERAI VRAIMENT.

LE LENDEMAIN, COCCINELLE S'APPRÊTAIT À SUBIR SA PREMIÈRE OPÉRATION DE CHIRURGIE ESTHÉTIQUE.
HÔPITAL LARIBOISIÈRE
TOUT VA BIEN, JACQUES ? L'ANESTHÉSISTE ARRIVE.
JE DOIS ADMETTRE ÊTRE UN PEU NERVEUSE, DOCTEUR CLAOUÉ.
TOUT S'EST BIEN PASSÉ, VOUS ALLEZ ADORER !
ON VA VOUS RETIRER VOTRE MASQUE ET VOUS POURREZ RENTRER CHEZ VOUS.
D'AILLEURS, UNE AMIE EST VENUE VOUS CHERCHER.
KIKI, QUEL PLAISIR !
FAITES ATTENTION À VOS POINTS PENDANT QUE ÇA CICATRISE, JACQUES.
MERCI, DOCTEUR CLAOUÉ, VOUS ÊTES UN HOMME MERVEILLEUX.
LAISSE-MOI TA VALISE, JACQUELINE.

LE DOCTEUR CLAQUÉ A FAIT UN TRAVAIL REMARQUABLE !
TU AS ENCORE MAL ?
OUI, MAIS TANT QUE JE N'AI PAS DE CICATRICE...
IL FAUT FAIRE DES SACRIFICES POUR ÊTRE BELLE. ET MOI, JE VEUX DEVENIR IRRÉSISTIBLE.
J'ADMIRE TON ABNÉGATION, MA CHÉRIE.
D'APRÈS TOI, J'EMPORTE QUELLES PAIRES EN ITALIE ?
TU AS DÉJÀ CHOISI TES TENUES ?
BIEN SÛR, TU VEUX VOIR ?
ALORS, JE SUIS COMMENT POUR MILAN ?
MAGNIFIQUE !

* CÉLÈBRE COMPOSITEUR D'OPÉRAS ITALIEN.

* CÉLÈBRE ACTRICE ITALIENNE.

JACQUELINE, J'AI UNE FAVEUR À TE DEMANDER.
JE T'ÉCOUTE, APRIL.
ON PETIT-DÉJEUNE AVEC ARTURO DEMAIN ET J'AIMERAIS QUE TU M'ACCOMPAGNES POUR ÉVITER LES RAGOTS.
C'EST LE ROMAIN DONT PÉKI M'A PARLÉ ? CELUI QUI EST MARIÉ ?
C'EST ÇA...
VOUS AVEZ L'AIR DE VOUS RÉGALER, COCCINELLE, NOUS SOMMES RAVIS QUE VOUS APPRÉCIIEZ NOTRE GASTRONOMIE. C'EST À SE DEMANDER COMMENT VOUS PARVENEZ À CONSERVER CE PHYSIQUE.
VOUS SAVEZ, DES FOIS, JE ME DIS QUE JE DEVRAIS ÉCRIRE UN LIVRE DE RECETTES. JE SUIS PEUT-ÊTRE UNE BONNE MANGEUSE, MAIS ON DIT AUSSI DE MOI QUE JE SUIS UNE EXCELLENTE CUISINIÈRE !
C'EST VRAI, J'AI LU ÇA DANS UN MAGAZINE !
DONC JE TE REJOINS AU SAVINI DEMAIN MATIN POUR LE PETIT DÉJEUNER ?
NON, JE VIENDRAI TE CHERCHER EN TAXI, JE CONNAIS UN MEILLEUR ENDROIT.
MERCI POUR CETTE NUIT, LES FILLES, JE SUIS ÉPUISÉE !
BONNE NUIT, MES CHÉRIES.

* CÉLÈBRE ÉCRIVAIN ITALIEN.

AVANT D'ARRIVER, JACQUELINE ME DISAIT QU'ELLE AVAIT MILLE QUESTIONS À TE POSER.
OUI, TU ES PLUTÔT BLONDES OU BRUNES ?
PICASSO A EU SA PÉRIODE BLEUE ET SA PÉRIODE ROSE. MOI, JE DIRAIS QUE JE SUIS DANS MA PÉRIODE BRUNE.
CHÉRI, LAISSE-MOI TE DONNER UN CONSEIL : NE FAIS PAS DE TES RÊVES DES DÉSIRS, MAIS DES CHOIX.
C'EST CE QUI DIFFÉRENCIE LE GARÇON DE L'HOMME.
C'EST EMBÊTANT, J'AURAIS PRÉFÉRÉ RESTER UN GARÇON UN PETIT PEU PLUS LONGTEMPS.
AH AH AH !

UNE FOIS LA TOURNÉE FINIE, COCCINELLE PRIT UN REPOS PLUS QUE MÉRITÉ SUR LA CÔTE D'AZUR. ELLE Y FRÉQUENTAIT DÉSORMAIS DES CÉLÉBRITÉS TELLES QUE JOAN FONTAINE, MARLENE DIETRICH OU ENCORE BRIGITTE BARDOT.
MAIS CE QU'ELLE PRÉFÉRAIT PAR-DESSUS TOUT, C'ÉTAIT SÉJOURNER CHEZ SON AMI CHARLES TRENET, DANS SA SOMPTUEUSE VILLA DE JUAN-LES-PINS SURNOMMÉE "LE BATEAU" EN RAISON DE SON ARCHITECTURE.
PRIMO PIANO
Il nuovo amante di Coccinelle é un uomo sposato
QUEL TORCHON ! COMMENT PEUVENT-ILS PUBLIER UN ARTICLE PAREIL !? C'EST UN SCANDALE !
ET CE TITRE : "LE NOUVEL AMANT DE COCCINELLE EST UN HOMME MARIÉ"...
EN ITALIE, LES JOURNALISTES NE SONT MOTIVÉS QUE PAR UNE CHOSE : SALIR VOTRE RÉPUTATION, COÛTE QUE COÛTE.
JE CROIS QUE JE VAIS ÉVITER L'ITALIE POUR UN MOMENT, DANS CE CAS.
TU AS SANS DOUTE RAISON. ALLEZ, ALLONS NAGER !
MERCI D'ÊTRE TOUJOURS LÀ POUR ME SOUTENIR, CHARLES.
TON AMITIÉ M'EST PRÉCIEUSE, JACQUELINE.

* LA MER (1946), CHARLES TRENET.

SI COCCINELLE AIMAIT TANT RENDRE VISITE À SON AMI, C'ÉTAIT AUSSI POUR S'ADONNER À DE LONGS BAINS DE SOLEIL SUR LA PLAGE VOISINE.
LE LENDEMAIN, ELLE LUI PROPOSA DE L'ACCOMPAGNER.
IL Y A TELLEMENT DE MONDE ICI, POURQUOI ON N'IRAIT PAS DANS UN COIN PLUS TRANQUILLE ?
OH NON, JE NE VEUX PAS MARCHER. ET PUIS ON A DES CHAISES, ICI !
ALLEZ, NE SOIS PAS FAIGNANT, LÈVE-TOI !
ADMETS QU'ON EST QUAND MÊME MIEUX ICI !
ALLEZ, JE VAIS BRONZER ! J'AI PRIS MES PILULES ET MA POMMADE À LA MÉLATONINE.
FAIS ATTENTION AUX COUPS DE SOLEIL !
J'AI AUSSI APPORTÉ L'HUILE DE CAROTTE QUE M'A PRESCRITE LE DOCTEUR CLAOUÉ.

"LE FLUX DE LA MARÉE EFFACERA L'EMPREINTE DE MES PAS, ET LE VENT EMPORTERA L'ÉCUME. MAIS LA MER ET LE RIVAGE DEMEURERONT ÉTERNELLEMENT", ÉCRIVAIT KHALIL GIBRAN.

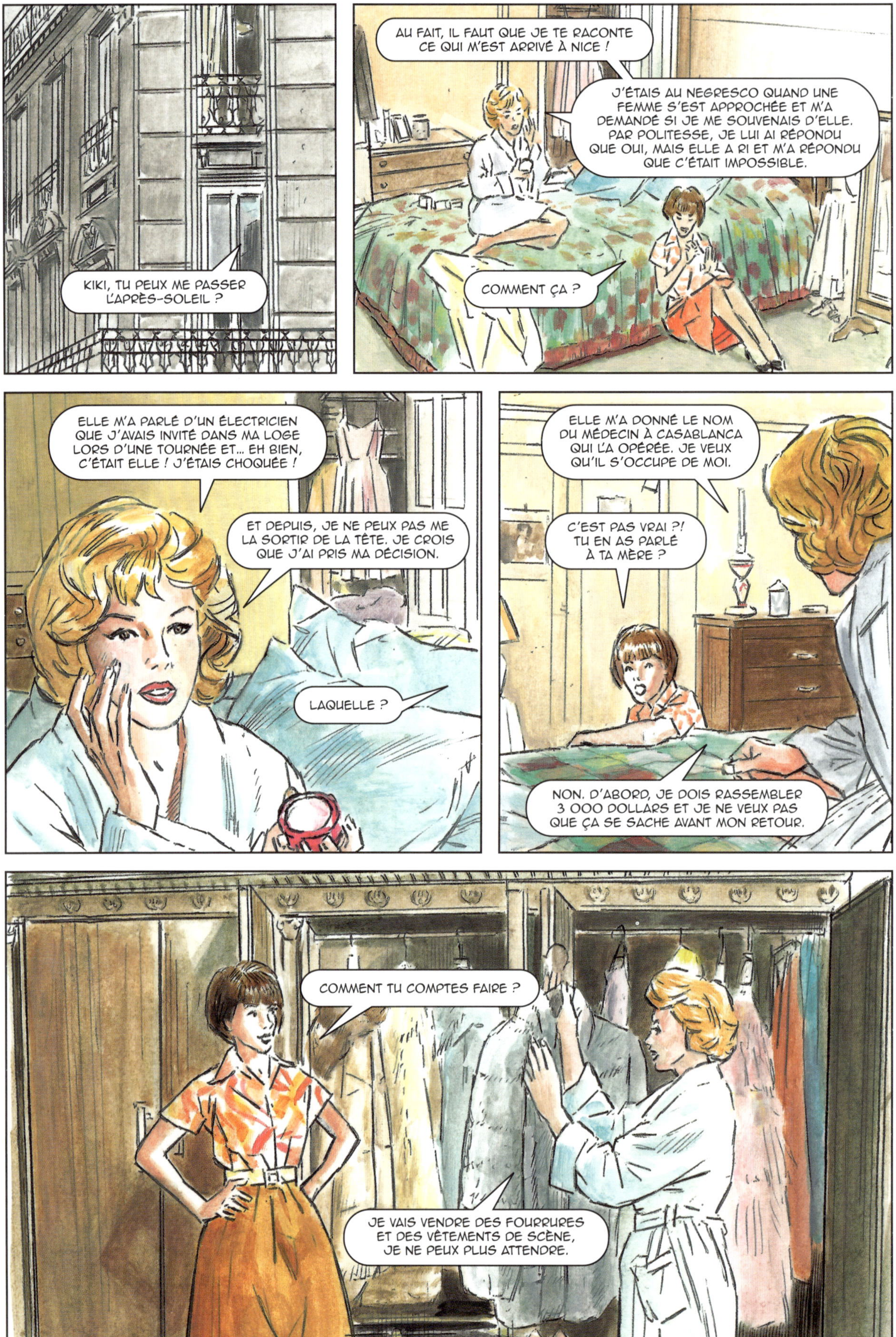
KIKI, TU PEUX ME PASSER L'APRÈS-SOLEIL ?
AU FAIT, IL FAUT QUE JE TE RACONTE CE QUI M'EST ARRIVÉ À NICE !
J'ÉTAIS AU NEGRESCO QUAND UNE FEMME S'EST APPROCHÉE ET M'A DEMANDÉ SI JE ME SOUVENAIS D'ELLE. PAR POLITESSE, JE LUI AI RÉPONDU QUE OUI, MAIS ELLE A RI ET M'A RÉPONDU QUE C'ÉTAIT IMPOSSIBLE.
COMMENT ÇA ?
ELLE M'A PARLÉ D'UN ÉLECTRICIEN QUE J'AVAIS INVITÉ DANS MA LOGE LORS D'UNE TOURNÉE ET... EH BIEN, C'ÉTAIT ELLE ! J'ÉTAIS CHOQUÉE !
ET DEPUIS, JE NE PEUX PAS ME LA SORTIR DE LA TÊTE. JE CROIS QUE J'AI PRIS MA DÉCISION.
LAQUELLE ?
ELLE M'A DONNÉ LE NOM DU MÉDECIN À CASABLANCA QUI L'A OPÉRÉE. JE VEUX QU'IL S'OCCUPE DE MOI.
C'EST PAS VRAI ?! TU EN AS PARLÉ À TA MÈRE ?
NON. D'ABORD, JE DOIS RASSEMBLER 3 000 DOLLARS ET JE NE VEUX PAS QUE ÇA SE SACHE AVANT MON RETOUR.
COMMENT TU COMPTES FAIRE ?
JE VAIS VENDRE DES FOURRURES ET DES VÊTEMENTS DE SCÈNE, JE NE PEUX PLUS ATTENDRE.

RIEN NE POUVAIT ALTÉRER LA MOTIVATION DE COCCINELLE. EN QUELQUES SEMAINES, ELLE AVAIT RASSEMBLÉ LA SOMME SANS RIEN DÉVOILER À PERSONNE.

ELLE PARTIT DONC POUR LE MAROC ACCOMPAGNÉE SEULEMENT D'UNE AMIE.
PARIS-ORLY
TAXI

CASABLANCA, 1958.

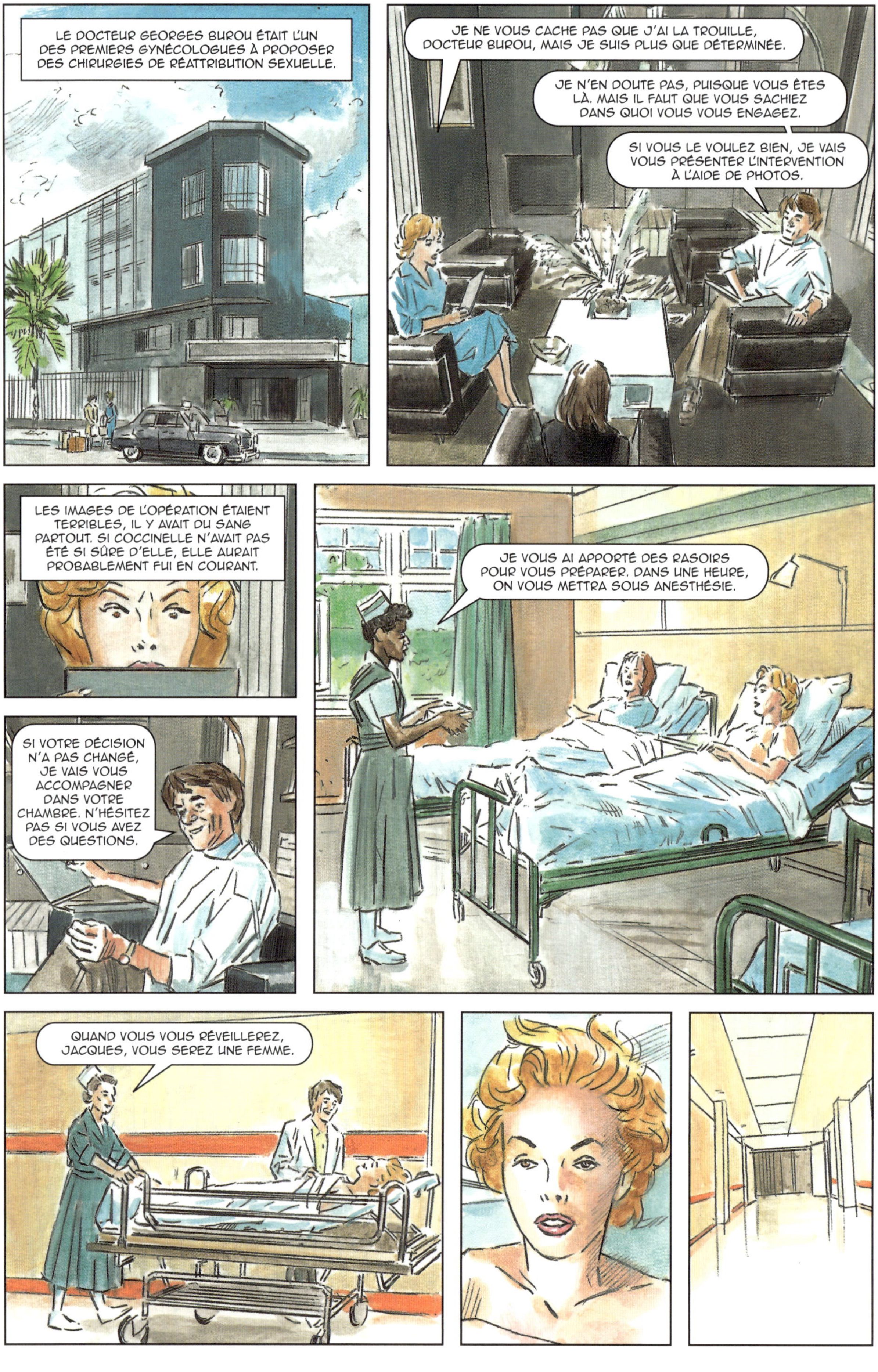
LE DOCTEUR GEORGES BUROU ÉTAIT L'UN DES PREMIERS GYNÉCOLOGUES À PROPOSER DES CHIRURGIES DE RÉATTRIBUTION SEXUELLE.
JE NE VOUS CACHE PAS QUE J'AI LA TROUILLE, DOCTEUR BUROU, MAIS JE SUIS PLUS QUE DÉTERMINÉE.
JE N'EN DOUTE PAS, PUISQUE VOUS ÊTES LÀ. MAIS IL FAUT QUE VOUS SACHIEZ DANS QUOI VOUS VOUS ENGAGEZ.
SI VOUS LE VOULEZ BIEN, JE VAIS VOUS PRÉSENTER L'INTERVENTION À L'AIDE DE PHOTOS.
LES IMAGES DE L'OPÉRATION ÉTAIENT TERRIBLES, IL Y AVAIT DU SANG PARTOUT. SI COCCINELLE N'AVAIT PAS ÉTÉ SI SÛRE D'ELLE, ELLE AURAIT PROBABLEMENT FUI EN COURANT.
SI VOTRE DÉCISION N'A PAS CHANGÉ, JE VAIS VOUS ACCOMPAGNER DANS VOTRE CHAMBRE. N'HÉSITEZ PAS SI VOUS AVEZ DES QUESTIONS.
JE VOUS AI APPORTÉ DES RASOIRS POUR VOUS PRÉPARER. DANS UNE HEURE, ON VOUS METTRA SOUS ANESTHÉSIE.
QUAND VOUS VOUS RÉVEILLEREZ, JACQUES, VOUS SEREZ UNE FEMME.

COCCINELLE S'ENDORMIT IMMÉDIATEMENT APRÈS L'ANESTHÉSIE. ELLE AVAIT L'IMPRESSION DE NAGER DANS UN UNIVERS TIÈDE, DANS UN ÉTAT DE CONSCIENCE DILUÉ OÙ TOUT ÉTAIT SOURD.
UN NUAGE BLEU.
LE DOCTEUR BUROU LUI AVAIT EXPLIQUÉ QUE L'OPÉRATION CONSISTAIT À RENTRER SES TESTICULES DANS SON BAS-VENTRE, PUIS À ENLEVER LES MUQUEUSES DE SON PÉNIS ET LE RETROUSSER COMME UNE CHAUSSETTE DE MANIÈRE À CE QU'ELLE NE PERDE PAS SA SENSIBILITÉ UNE FOIS CELUI-CI TRANSFORMÉ EN VAGIN.
COCCINELLE RÊVAIT QU'ELLE MOURAIT DANS SA PEAU D'HOMME POUR RENAÎTRE FEMME.
JACQUELINE, VOUS M'ENTENDEZ ?
QUAND ELLE SE RÉVEILLA, ELLE ÉPROUVAIT UNE DOULEUR LANCINANTE DANS TOUT SON CORPS.
ARRÊTEZ CE SUPPLICE, DOCTEUR !
L'OPÉRATION S'EST BIEN PASSÉE, JE SAIS QUE LA DOULEUR EST TERRIBLE, MAIS VOUS DEVEZ RESTER FORTE. JE VAIS VOUS METTRE SOUS ANALGÉSIQUE.
ENFIN FEMME, ENFIN DÉLIVRÉE.

COMMENT VOUS VOUS SENTEZ, CE MATIN ?
CLINIQUE LE PARC
JE SUIS HEUREUSE, MAIS LA DOULEUR EST INSUPPORTABLE. J'AI PEUR QUE QUELQUE CHOSE N'AILLE PAS.
TOUT VA BIEN, JACQUELINE, ÇA VA PASSER. PENSEZ JUSTE À BIEN TOURNER VOTRE BOUGIE TOUTES LES HEURES AFIN QUE LA CHAIR NE CICATRISE PAS IMMÉDIATEMENT.
JE CROIS QUE JE SUIS EN TRAIN DE TOMBER AMOUREUSE DU DOCTEUR BUROU.
JE NE SAIS PAS COMMENT TU FAIS POUR AVOIR LA TÊTE À ÇA !
ON EST DES FEMMES, MAINTENANT. RÉSISTER À LA DOULEUR, C'EST NOTRE NOUVELLE PRÉROGATIVE.
MOI, MÊME MANGER DES DATTES ME FAIT MAL.
ÇA VA ALLER, MA CHÉRIE.
QUATRE SEMAINES PLUS TARD, COCCINELLE QUITTAIT CASABLANCA, DÉCIDÉE À PARLER PUBLIQUEMENT DE SON OPÉRATION. ELLE NE SE DOUTAIT PAS DU SÉISME QU'ELLE S'APPRÊTAIT À PROVOQUER.

DÈS SON RETOUR À PARIS, LA NOUVELLE EUT L'EFFET D'UNE BOMBE ET LA PRESSE DU MONDE ENTIER LUI ACCORDA UN ARTICLE. COCCINELLE SE RETROUVA PROPULSÉE AU RANG D'ICÔNE INTERNATIONALE.
Never truly a man, she finally found happiness as a woman
COCCINELLE
WORLD'S MOST FABULOUS
FE-MALE
Le Carrousel
DEUX SPECTACLES
A 23H. ET 1H.
LE CABARET
DE
RENOMMÉE
MONDIALE
COCCINELLE
France's Most Fabulous She-Male
Si...
VOUS ALLEZ A PA
COCCINEL
LA VEDETTE DU CARRO
ELLE et LUI
LA SENSATION DE PARIS !
une innovation sur la rive gauche
LE CABARET QUI CONJUGUE
LE FÉMININ AU MASCULIN

JE SUIS SI CONTENT D'ÊTRE À NOUVEAU ICI AVEC TOI.
TANT DE CHOSES ONT CHANGÉ DEPUIS LA DERNIÈRE FOIS. IL FAUT QU'ON CÉLÈBRE !
TIENS, C'EST POUR TOI.
OH, IL NE FALLAIT PAS !
ET IL Y EN A ENCORE D'AUTRES DANS LA LIMOUSINE QUI NOUS ATTEND DEHORS.
JACQUELINE, JE VEUX ÊTRE PLUS PRÉSENT POUR TOI, JE VEUX FAIRE DE TA VIE UN RÊVE.
ROGER...
VIENS VIVRE DANS MON MANOIR À LYON, TU AURAS UNE VIE CONFORTABLE ET DES DOMESTIQUES, ET JE POURRAI T'Y REJOINDRE FACILEMENT.
REGARDE.
C'EST FABULEUX, ROGER... JE TE SUIS INFINIMENT RECONNAISSANTE, MAIS JE NE PEUX PAS ACCEPTER ÇA.
JE TIENS BEAUCOUP À TOI, MAIS...
JE NE PEUX PAS ABANDONNER TOUT CE QUE J'AI CONSTRUIT ICI.
MAINTENANT, SOURIS ET TRINQUONS À NOUS DEUX !

COMMENT C'ÉTAIT HIER, AVEC ROGER ?
IL M'A PROPOSÉ UNE VIE DE GRANDE BOURGEOISE, J'ÉTAIS SUR LE CUL. TU AURAIS DÛ VOIR LA MONTRE QU'IL M'A OFFERTE !
ET TU AS REFUSÉ ?!
ROGER A UNE FAMILLE, ET MOI, J'AI UNE CARRIÈRE, APRIL ! JE NE RENONCERAI PAS AU SHOWBIZ AUSSI FACILEMENT.
IL ME DEMANDAIT DE RENONCER À VOUS, À MA LIBERTÉ. CE SONT LES CHOSES LES PLUS PRÉCIEUSES QUE J'AI.
JE T'ADMIRE, JACQUELINE. JE NE SAIS PAS SI J'AURAIS RÉSISTÉ À LA TENTATION DU LUXE, MOI !
AU FAIT, C'EST QUI CES ANTOINE ET MICHEL CHEZ QUI TU M'EMMÈNES ?
RAPPELLE-TOI, JE TE LES AI PRÉSENTÉS AU CARROUSEL. ILS SONT FANTASTIQUES ET ILS ONT UNE MAISON MAGNIFIQUE, TU VAS LES ADORER !
ET PUIS, IL FAUT QU'ON FÊTE TON OPÉRATION. TU ES UN EXEMPLE POUR TOUT LE MONDE, ICI !

JE CROIS QUE
JE L'ENTENDS ARRIVER.
BIENVENUE, MES CHÈRES !
COCCINELLE, TOUT LE MONDE
T'ATTENDAIT !
LES AMIS, NOS INVITÉES
DE MARQUE SONT ARRIVÉES !

COCCINELLE !
BONSOIR, LES AMIS !
LAISSE-MOI TE REGARDER.
HA HA ! ANTOINE, TU ES BÊTE.
ENLÈVE DONC TON BEAU MANTEAU, QU'ON PUISSE TOUS T'ADMIRER.
MAGNIFIQUE !
TU ES SUBLIME !

C'ÉTAIT LA PREMIÈRE FOIS QUE COCCINELLE VOYAIT DU MONDE DEPUIS SA VAGINOPLASTIE. SES AMIS ÉTAIENT IMPATIENTS D'EN SAVOIR PLUS.
TU AS ÉTÉ SI COURAGEUSE, COCCINELLE.
J'AURAIS PAS PU, J'AI TROP PEUR DES AIGUILLES !
VOUS ME FLATTEZ.
C'EST VOTRE PRÉSENCE À MES CÔTÉS QUI M'A PERMIS DE LE FAIRE.

ON EST JUSTE DINGUES DE TOI, CHÉRIE !
ET COMMENT IL ÉTAIT, CE DOCTEUR BUROU ?
ON VEUT EN SAVOIR PLUS !
EXCELLENT. C'EST MON HÉROS.
MES AMIES, JE VAIS VOUS DEMANDER DE ME SUIVRE. J'AI CRÉÉ UN NOUVEAU COCKTAIL POUR LE CABARET, ET J'AIMERAIS AVOIR VOTRE AVIS.

J'ADORE TES COCKTAILS !
COCCINELLE, J'AIMERAIS BAPTISER CE COCKTAIL EN TON HONNEUR.
PARDON, MA CHÉRIE, MICHEL T'A INTERROMPUE TOUT À L'HEURE, MAIS ON MEURT TOUS D'ENVIE DE CONNAÎTRE LA SUITE DE TON HISTOIRE.

J'AI SIMPLEMENT ÉTÉ VICTIME D'UNE ERREUR DE LA NATURE, ET SUIS ALLÉE À CASABLANCA POUR LA FAIRE CORRIGER.

J'AI DÉCIDÉ D'ÊTRE UNE FEMME COMPLÈTE, EN PARFAITE HARMONIE ENTRE INTÉRIEUR ET EXTÉRIEUR.

C'EST QUAND JE ME SUIS RÉVEILLÉE DE L'ANESTHÉSIE ET QUE LE DOCTEUR M'A DIT "BONJOUR MADEMOISELLE" QUE J'AI COMPRIS QUE TOUT ÉTAIT RENTRÉ DANS L'ORDRE.
TU ES UN BOURGEON QUI A FLEURI, MA CHÉRIE !

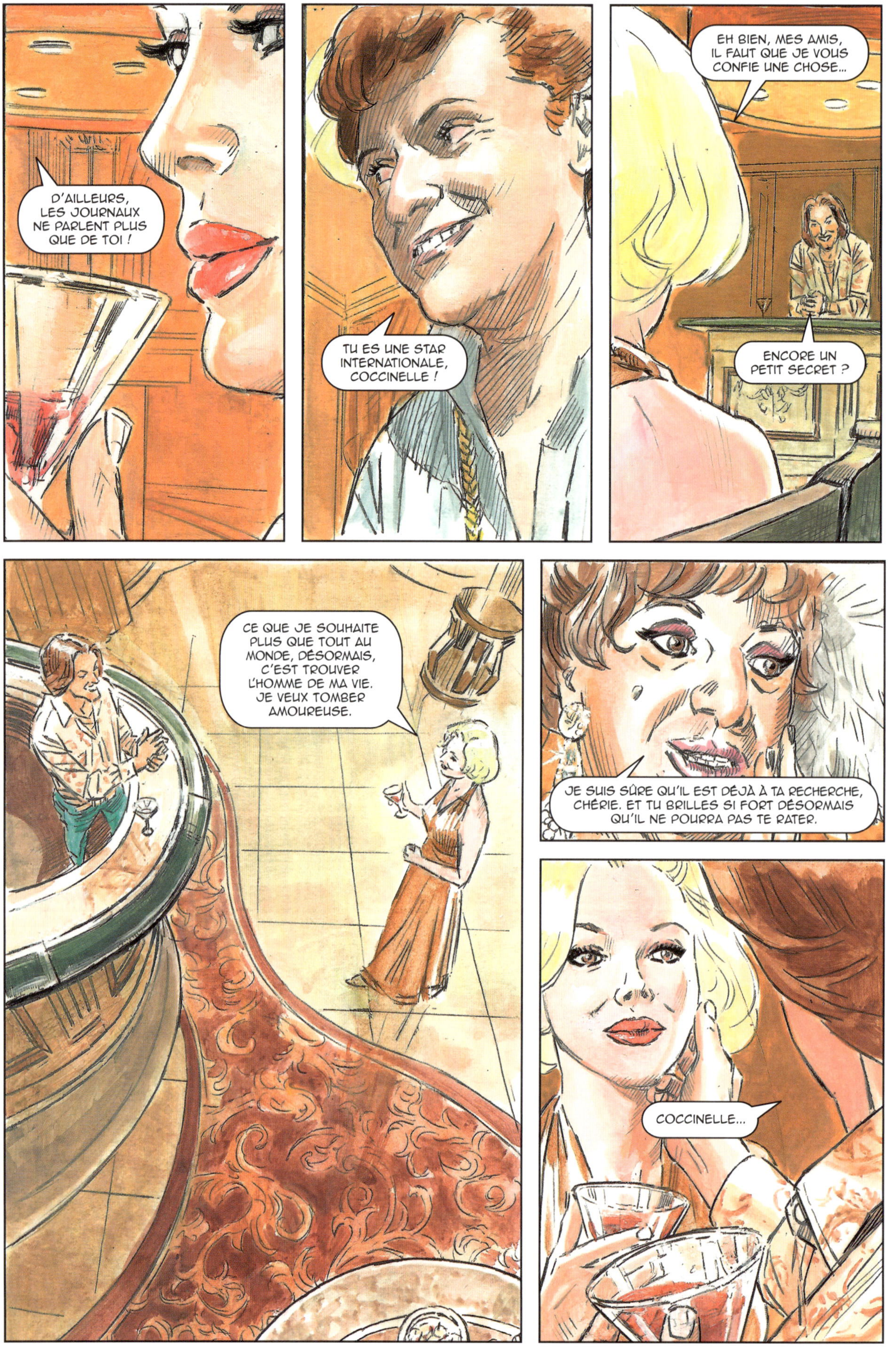
D'AILLEURS, LES JOURNAUX NE PARLENT PLUS QUE DE TOI !
TU ES UNE STAR INTERNATIONALE, COCCINELLE !
EH BIEN, MES AMIS, IL FAUT QUE JE VOUS CONFIE UNE CHOSE...
ENCORE UN PETIT SECRET ?
CE QUE JE SOUHAITE PLUS QUE TOUT AU MONDE, DÉSORMAIS, C'EST TROUVER L'HOMME DE MA VIE. JE VEUX TOMBER AMOUREUSE.
JE SUIS SÛRE QU'IL EST DÉJÀ À TA RECHERCHE, CHÉRIE. ET TU BRILLES SI FORT DÉSORMAIS QU'IL NE POURRA PAS TE RATER.
COCCINELLE...

... À PARTIR D'AUJOURD'HUI, PARIS N'EST PLUS SEULEMENT LA VILLE DE LA TOUR EIFFEL ET DES CHAMPS-ÉLYSÉES, MAIS AUSSI CELLE DE COCCINELLE !

THEATRE DE L'ATELIER
HIER SOIR, CHEZ ANTOINE ET MICHEL, J'AI ÉTÉ CÉLÉBRÉE COMME UNE REINE ! TU AURAIS DÛ VOIR LEUR MAISON, KIKI... !
DIS, J'AIMERAIS QUE TU RENCONTRES QUELQU'UN. JE SUIS SÛRE QUE VOUS VOUS ENTENDREZ À MERVEILLE.
QUI ÇA ?
IL S'APPELLE FRANCIS BONNET, IL EST JOURNALISTE. JE PEUX VOUS PRÉSENTER CE SOIR, SI ÇA TE DIT.
C'EST TON PRINTEMPS, JACQUELINE.
C'EST MERVEILLEUX, KIKI. JE ME SENS ENFIN MOI-MÊME... J'AI TANT ENVIE D'AIMER !
REGARDE, LES HIRONDELLES SONT DE RETOUR !

PARDON POUR NOTRE RETARD, FRANCIS. JE TE PRÉSENTE JACQUELINE.
CE N'EST RIEN, J'ÉTAIS TROP IMPATIENT POUR M'ENNUYER.
MA MÈRE DIT TOUJOURS QU'UN HOMME PEUT ATTENDRE TROIS HEURES QU'UN POISSON MORDE, MAIS QU'IL NE PEUT PAS ATTENDRE UN QUART D'HEURE QUE SA FEMME S'HABILLE.
SI TU ÉTAIS LA MIENNE, JE T'ATTENDRAIS PENDANT DES JOURS.
DÈS L'INSTANT OÙ LEURS REGARDS SE CROISÈRENT, LE TEMPS S'ACCÉLÉRA. PARIS ÉTAIT PLEIN DE MAGIE, CETTE NUIT-LÀ.
ALLEZ, JE VOUS LAISSE, JE SUIS FATIGUÉE.
BONNE NUIT, KIKI.
À DEMAIN, MA CHÉRIE !
JE N'AI PAS SOMMEIL. ET SI ON ALLAIT MARCHER ?
SI TU CONTINUES À ME REGARDER COMME ÇA, C'EST MOI QUI NE TROUVERAI PLUS JAMAIS LE SOMMEIL !
ÇA PARAÎT FOU, MAIS JE CROIS QUE JE TOMBE AMOUREUX.

ÇA TE DIRAIT DE VENIR DÎNER CHEZ MOI DEMAIN SOIR ?
TU CUISINES ?
À CHAQUE FOIS QUE JE VISITE UN PAYS, J'Y APPRENDS UNE NOUVELLE RECETTE. SI TU GOÛTAIS MON OSSO BUCO... !
JE CROIS QUE JE VAIS T'ÉPOUSER.
ESSAIE DONC, TU RISQUES DE CONNAÎTRE QUELQUES SOUCIS ADMINISTRATIFS...
NOUS TROUVERONS UNE SOLUTION, JACQUELINE.
DÈS LORS, JACQUELINE NE VIT PLUS D'AUTRE HOMME QUE FRANCIS. ET QUAND ILS NE POUVAIENT PAS SE RETROUVER, ILS S'APPELAIENT.
ON M'A PROPOSÉ UNE TOURNÉE EN AUSTRALIE, JE VEUX QUE TU VIENNES AVEC MOI !
JE NE PARLE PAS UN MOT D'ANGLAIS, TU POURRAIS ÊTRE MON MANAGER SUR PLACE.
TOUT SERA PRIS EN CHARGE, MÊME MA VALISE EST DÉJÀ PRÊTE !

* QUE RESTE-T-IL DE NOS AMOURS (1943), CHARLES TRENET.

TOUJOURS CONSIDÉRÉE COMME UN HOMME SUR SON PASSEPORT, COCCINELLE NE PUT ÊTRE ARRÊTÉE ET QUITTA L'AUSTRALIE TROIS MOIS PLUS TARD EN TOUTE SÉRÉNITÉ.
LORSQU'ELLE ARRIVA À PARIS, LA PRESSE L'ATTENDAIT À L'AÉROPORT. CE PETIT SCANDALE FUT UNE PIERRE SUPPLÉMENTAIRE À L'ÉDIFICE DE SA NOTORIÉTÉ.
MAIS DÉSORMAIS, CE QUE JACQUELINE VOULAIT PLUS QUE TOUT, C'ÉTAIT ÉPOUSER FRANCIS. POUR CELA, SA NOUVELLE PRIORITÉ ÉTAIT DE FAIRE CHANGER SON ÉTAT CIVIL.
POUR SE DÉFENDRE, ELLE SE TOURNA VERS UN JEUNE AVOCAT QUI COMMENÇAIT À SE FAIRE UN NOM, UN CERTAIN MAÎTRE ROBERT BADINTER.
JE COMPTE SUR VOUS, MAÎTRE.
JE N'AI ENCORE JAMAIS EU AFFAIRE À UNE TELLE DEMANDE, CE NE SERA PAS CHOSE AISÉE.
J'AI CONTACTÉ LES AUTORITÉS COMPÉTENTES. ELLES ONT DÉSIGNÉ UN GYNÉCOLOGUE POUR VOUS AUSCULTER.
JE FERAI TOUT CE QU'IL FAUDRA POUR QUE FRANCIS PUISSE DEVENIR MON MARI.
NE VOUS INQUIÉTEZ PAS, JE SUIS SÛR QU'AVEC BEAUCOUP DE TRAVAIL ET UN PEU DE PATIENCE, NOUS PARVIENDRONS À NOS FINS.

UNE NOUVELLE FOIS, LE SORT DE JACQUELINE ÉTAIT RENVOYÉ ENTRE LES MAINS DE LA MÉDECINE. CETTE VISITE LA RENDAIT EXTRÊMEMENT NERVEUSE.
Gynécologue
VOUS POUVEZ VOUS DÉSHABILLER ET POSER VOS JAMBES SUR LES ÉTRIERS.
HMM...
VOUS SEREZ INFORMÉE DES RÉSULTATS PAR COURRIER.
LE MUTISME DU GYNÉCOLOGUE N'AIDA PAS À APAISER LES CRAINTES DE JACQUELINE.
IL N'A PAS DÉCROCHÉ UN MOT, JE NE COMPRENDS PAS.
MAIS IL T'A EXAMINÉE ?
OUI, ET MAINTENANT, MA VIE EST ENTRE SES MAINS.
NON, TU SERAS TOUJOURS MAÎTRESSE DE TON DESTIN.
D'AILLEURS, DEMAIN, TU TOURNES TON PREMIER FILM !
EN RENTRANT À PARIS QUELQUES MOIS PLUS TÔT, JACQUELINE AVAIT FAIT UN DÉTOUR PAR ROME, OÙ ELLE AVAIT RENCONTRÉ ALESSANDRO BLASETTI.

LE RÉALISATEUR DE "QUATRE PAS DANS LES NUAGES" LA VOULAIT DANS SON PROCHAIN FILM. COCCINELLE S'APPRÊTAIT À FAIRE SES PREMIERS PAS AU CINÉMA.
JE SUIS NERVEUSE, FRANCIS. J'ESPÈRE QUE JE NE VAIS PAS ME RATER.
FAIS COMME SI LES CAMÉRAS N'EXISTAIENT PAS ! JE SUIS SÛR QUE TOUT VA BIEN SE PASSER.
TU ES MAGNIFIQUE, J'AI HÂTE QUE TU DEVIENNES MADAME BONNET.
VOUS PARTEZ DÈS QUE LE RIDEAU S'OUVRE, D'ACCORD ?
ACTION !
156
EUROPA
LE NEZ RETROUSSÉ, L'AIR MOQUEUR, LES YEUX TOUJOURS RIEURS...
TOUS CEUX QUI LA CONNAISSENT, GRISÉS PAR SES CARESSES...
S'EN VONT, MAIS REVIENNENT TOUJOURS...

* ÇA, C'EST PARIS (1926), INTERPRÉTÉ PAR MISTINGUETT.

* QU'EST-CE QUE J'AI DONC ? (1929), INTERPRÉTÉ PAR MISTINGUETT.

TU AS ÉTÉ PARFAITE, JACQUELINE.
C'ÉTAIT EXCITANT !
J'AI UNE AUTRE BONNE NOUVELLE POUR TOI. MAÎTRE BADINTER A APPELÉ...
NOTRE DEMANDE A ÉTÉ ACCEPTÉE, TU SERAS BIENTÔT OFFICIELLEMENT JACQUELINE-CHARLOTTE DUFRESNOY.
JACQUELINE, EST-CE QUE TU VEUX M'ÉPOUSER ?
LE COUPLE INFORMA AUSSITÔT LA PRESSE. LE CHANGEMENT DE SEXE À L'ÉTAT CIVIL ET LE MARIAGE PROCHAIN DE COCCINELLE FIRENT ENCORE CROÎTRE SA NOTORIÉTÉ.
OÙ ET QUAND COMPTEZ-VOUS VOUS MARIER ?
LA CÉRÉMONIE AURA LIEU À L'ÉGLISE DE LA PLACE DES ABBESSES. NOUS NOUS LAISSONS LE TEMPS DE TROUVER NOS TENUES.

* BARBARA LAAGE, ACTRICE FRANÇAISE.

LE 16 MARS 1962, LES MARIÉS FURENT ESCORTÉS JUSQU'À L'HÔTEL DE VILLE.
L'OFFICIER D'ÉTAT CIVIL QUI LES Y ATTENDAIT S'APPRÊTAIT À RECONNAÎTRE OFFICIELLEMENT LA PREMIÈRE UNION IMPLIQUANT UNE PERSONNE TRANS MÉDIATISÉE.
L'ENTRÉE DE JACQUELINE AU BRAS DE SON PÈRE ÉTAIT ATTENDUE PAR UN PARQUET DE PHOTOGRAPHES.
NÉE JACQUES-CHARLES DUFRESNOY, ELLE ÉTAIT DEVENUE JACQUELINE-CHARLOTTE DUFRESNOY, ET AUJOURD'HUI MME BONNET.
JE SUIS ÉGALEMENT LÀ POUR VOUS RAPPELER QUE LE MARIAGE EST UNE AFFAIRE DE SACRIFICES ET DE PARTAGE DES JOIES ET DES PEINES...
LES FUTURS MARIÉS ÉTAIENT DISTRAITS. COCCINELLE S'ACHARNAIT À REMETTRE EN PLACE LE MUGUET À LA BOUTONNIÈRE DE LA VESTE DE SON MARI.

ET MAINTENANT, VOUS POUVEZ SIGNER LES REGISTRES.
FÉLICITATIONS, MONSIEUR BONNET.
C'EST LE PLUS BEAU JOUR DE MA VIE !
ALLONS À L'ÉGLISE, MAINTENANT, MADAME BONNET !

LE PRINTEMPS SEMBLAIT ARRIVER AVANT L'HEURE À MONTMARTRE.
PLACE DES ABBESSES, DEVANT L'ÉGLISE SAINT-JEAN DE MONTMARTRE, LA FOULE ÉTAIT SI GRANDE QUE LE SERVICE DE SÉCURITÉ AVAIT DU MAL À LA CONTENIR.
LA POLICE QUI, QUELQUES ANNÉES AUPARAVANT, NE LUI AURAIT PAS PERMIS DE S'HABILLER COMME UNE FEMME, FAISAIT AUJOURD'HUI TOUT SON POSSIBLE POUR LUI PERMETTRE D'ENTRER SANS ENCOMBRE EN ROBE BLANCHE DANS L'ÉGLISE.
VIVE LA MARIÉE !
DÉGAGEZ LE PASSAGE !
LE PÈRE DE COCCINELLE ÉTAIT PÉTRIFIÉ PAR LA TIMIDITÉ, SI BIEN QUE C'EST ELLE QUI DUT LE TRAÎNER JUSQU'À L'AUTEL.
VOUS POUVEZ DÉSORMAIS ÉCHANGER LES ALLIANCES.

LA RÉCEPTION QUI SUIVIT SE TINT AU RESTAURANT ACAPULCO ET RÉUNIT PLUS DE 2 000 PERSONNES. LES MARIÉS COUPÈRENT LE GÂTEAU DE MARIAGE PUIS S'EMPRESSÈRENT DE RENTRER CHEZ EUX REGARDER LES ÉCHOS DE LEUR MARIAGE À LA TÉLÉVISION.

LA VIE CONJUGALE DE FRANCIS ET JACQUELINE COMMENÇAIT DANS L'EUPHORIE. CELLE-CI CUISINAIT RÉGULIÈREMENT POUR SON MARI ET LEURS INVITÉS.
QUELLE BONNE ODEUR !
C'EST UNE RECETTE QUE J'AI APPRISE EN ESPAGNE.
JE NE PRÉFÈRE PAS SAVOIR QUI TE L'A APPRISE, J'AURAIS PEUR DE M'ÉNERVER.
ENFIN... TU N'AS PAS À ÊTRE JALOUX, JE SUIS MADAME BONNET MAINTENANT !
DRIIING !
AH, LES INVITÉS SONT LÀ ! TU PEUX ALLER LEUR OUVRIR ?
EST-CE QUE JE VOUS AI RACONTÉ QUE LA SEMAINE DERNIÈRE, ON A BU UN VERRE AVEC EVA GABOR ET GINGER ROGERS ?
OÙ ÇA ?
AU PLAZA ATHÉNÉE. LE BORDEAUX ÉTAIT EXTRAORDINAIRE !

AU FAIT, JE NE VOUS AI PAS ENCORE MONTRÉ LES PHOTOS DU MARIAGE !
FRANCIS, TU PEUX ALLER LES CHERCHER ?
REGARDEZ CELLE-LÀ ! FRANCIS AVAIT MIS SON CHAPEAU HAUT DE FORME.
ARRÊTE DE TE MOQUER !
MAIS NON, CHÉRI, TU ÉTAIS RAVISSANT !
ET VOILÀ MON PÈRE. IL A FINI PAR SE DÉTENDRE LORSQU'IL A COMPRIS L'IMPORTANCE DU MOMENT.
JE CROIS QUE LA ROBE BLANCHE ET L'ÉGLISE LUI ONT FAIT UN DÉCLIC.
LA SOIRÉE S'EST POURSUIVIE TOUT EN DOUCEUR, MAIS COCCINELLE AVAIT HÂTE D'AVOIR À NOUVEAU SON MARI POUR ELLE TOUTE SEULE.
LES JEUNES MARIÉS SE DISPUTAIENT SOUVENT À CAUSE DE LEURS DEUX CARACTÈRES FORTS, MAIS LEUR AMOUR ÉTAIT RÉEL ET LEURS NUITS PLEINES DE PASSION.

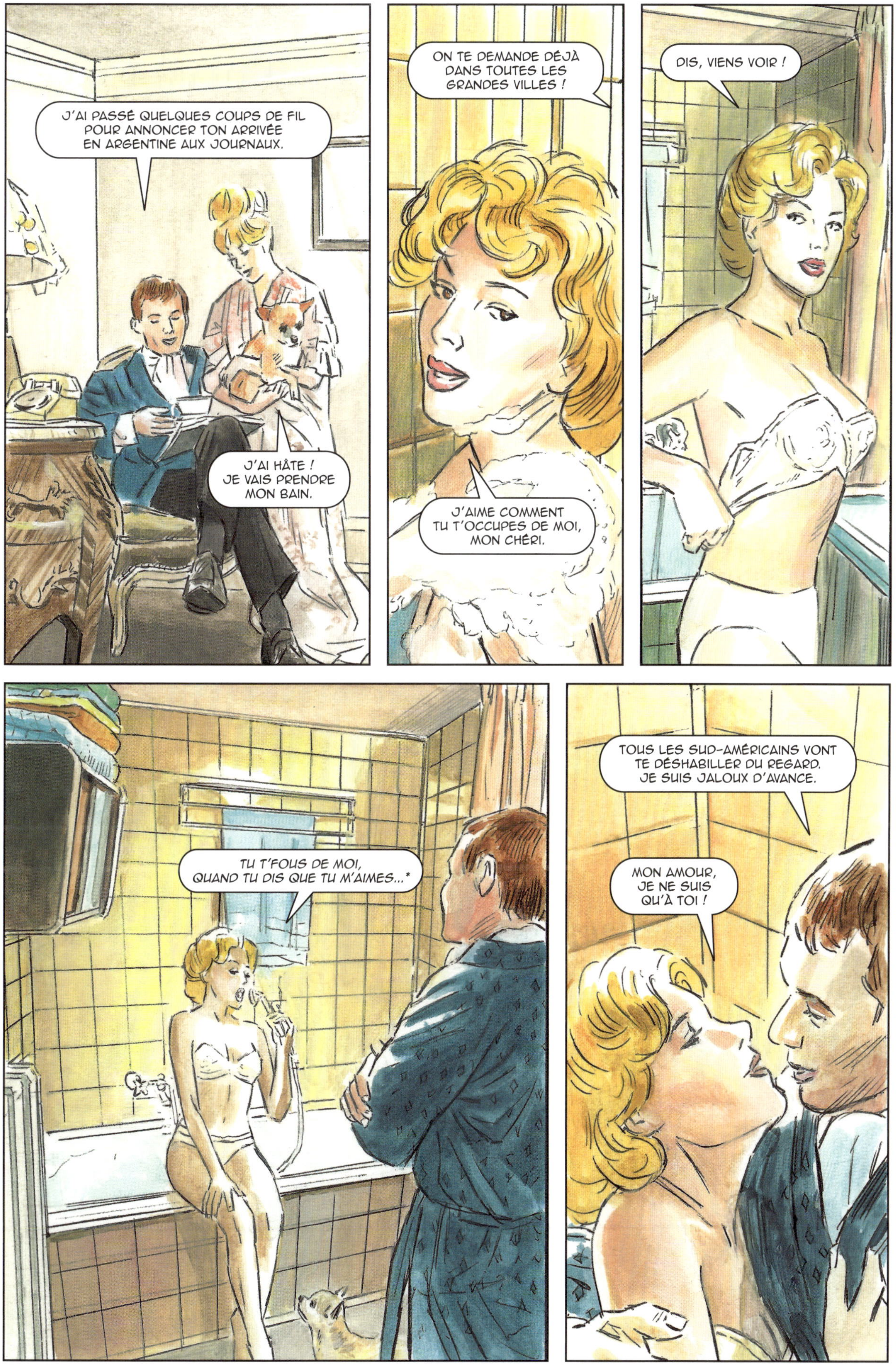

* *TU T'FOUS DE MOI* (1957), INTERPRÉTÉ PAR JACQUELINE FRANÇOIS, PAROLES : CHARLY BAILLY & ANDRÉ VAREL.

À SON ARRIVÉE EN ARGENTINE, COCCINELLE ÉTAIT ATTENDUE PAR UNE FOULE D'ADMIRATEURS.
ALITALIA
MERCI D'ÊTRE LÀ, MES AMIS !
JOJO EST FATIGUÉ, LUI AUSSI. ALLONS NOUS REPOSER À L'HÔTEL.
TU POURRAS EN PROFITER POUR DÉDICACER QUELQUES PHOTOS.
J'AI PRESQUE FINI. TU POURRAIS LES DESCENDRE AU CONCIERGE POUR QU'IL LES POSTE ?
NON, J'AI PAS FINI MA BANDE DESSINÉE.
COMMENT TU OSES ME RÉPONDRE COMME ÇA ?! TU AS PASSÉ TOUTE LA JOURNÉE À LIRE EN FUMANT DES CIGARES PUANTS !
JE SUIS TON MARI, PAS TON ESCLAVE. JE FAIS CE QUE JE VEUX.
DANS CE CAS, TU NE VERRAS PAS DE PROBLÈME À CE QUE JE REMETTE EN QUESTION MES DEVOIRS CONJUGAUX.
C'EST TOI QUI VOIS ! TU ES LIBRE DE TE PRENDRE DU PLAISIR QUAND TU LE SOUHAITES.
COCCINELLE SAVAIT BIEN QU'ELLE LANÇAIT UNE DANGEREUSE GUERRE DES NERFS, CAR LE SEXE ÉTAIT POUR TOUS DEUX UN ASPECT FONDAMENTAL DE LEUR RELATION ; INDISPENSABLE, MÊME, POUR FRANCIS.

MAIPO
ET CE QUI DEVAIT ARRIVER ARRIVA. IL NE FALLUT QUE QUELQUES JOURS POUR QUE FRANCIS COMMETTE L'IRRÉPARABLE.
QUITTE À ME TROMPER AVEC UNE DANSEUSE, TU AURAIS AU MOINS PU CHOISIR UNE TROISIÈME ÉTOILE !
C'EST BIENTÔT À VOUS, COCCINELLE.
CE SOIR-LÀ, ELLE SE PRODUISAIT SUR LA SCÈNE DU THÉÂTRE MAIPO, L'UN DES PLUS IMPORTANTS DE BUENOS AIRES.
L'ORCHESTRE AVAIT JOUÉ SEUL L'OUVERTURE ET COCCINELLE VENAIT D'ENTRER SUR SCÈNE LORSQU'UN DE SES TALONS SE COINÇA ENTRE DEUX LATTES DE PARQUET.
L'UN DES DANSEURS, MARIO HEŸNS, SE PRÉCIPITA POUR L'AIDER.
OH, MERCI !
TU ES UN ANGE ! MAINTENANT, ALLONS DIVERTIR NOTRE PUBLIC.
ELLE NE SAVAIT PAS ENCORE QUE CET HOMME S'APPRÊTAIT À BOULEVERSER SA VIE DE COUPLE.

AVEC LA COMPLICITÉ DE SON IMPRESARIO, COCCINELLE RÉUSSIT À RÉSERVER À SON NOM UNE PETITE CHAMBRE OÙ ELLE POUVAIT RECEVOIR MARIO DISCRÈTEMENT.
11
LA PASSION ÉCLATAIT COMME UNE BOMBE ENTRE EUX DEUX ET, PENDANT UN TEMPS, FRANCIS NE SEMBLA SE RENDRE COMPTE DE RIEN.
VIENS LÀ, MON SUCRE.
ELLE ÉTAIT LOIN DE SE DOUTER QUE SON NOUVEL AMOUR ÉTAIT LE FILS DU CONSUL DU PARAGUAY EN COLOMBIE.
MALHEUREUSEMENT, ON A PEU DE TEMPS DEVANT NOUS.

TU PEUX ME REZIPPER, S'IL TE PLAÎT ?
TU ME MANQUES DÉJÀ.
TOI AUSSI...
ON SE RETROUVE AU THÉÂTRE TOUT À L'HEURE.
QU'EST-CE QUE TU CROIS FAIRE, SALOPE ?!
TU OSES ME FAIRE UNE SCÈNE ?!
JE M'ÉNERVE SI JE VEUX ! JE SUIS TON MARI !
OUCH !
TU VAS PAYER POUR ÇA ! JE VAIS RÉVÉLER À TOUTE LA PRESSE L'HOMME VIOLENT ET INFIDÈLE QUE TU ES !

PARTIE DE PARIS AVEC FRANCIS, ELLE RENTRAIT AU BRAS DE MARIO.
JE NOUS VOIS DÉJÀ FAIRE LES GROS TITRES, DEMAIN.
NOUS FERONS FACE À TOUT ÇA ENSEMBLE, MA CHÉRIE.
DEMAIN, JE VOIS MON AVOCAT POUR PARLER DU DIVORCE. FRANCIS PRÉTEND QUE JE LUI AI MENTI SUR TOUTE LA LIGNE.
IL PRÉTEND QU'IL NE SAVAIT PAS POUR MON OPÉRATION.
MAIS C'EST RIDICULE...
À L'ÉPOQUE, IL EXHIBAIT LUI-MÊME FIÈREMENT LA FACTURE DE CASABLANCA DEVANT TOUS SES AMIS.
AU MOINS, TU N'AURAS PAS DE MAL À TROUVER DES TÉMOINS !
J'AI HÂTE D'EN FINIR AVEC CETTE HISTOIRE.
ET MOI QUE TU DEVIENNES MADAME HEÿNS.
OUI MON AMOUR, QUAND ON AURA RÉGLÉ TOUS CES SOUCIS, ON POURRA SE MARIER.

FORTE DE CE SUCCÈS À L'ÉTRANGER, COCCINELLE COMMENÇAIT À SE SENTIR À L'ÉTROIT AU CARROUSEL.
MON CACHET EST DÉRISOIRE, MARCEL. JE SUIS UNE STAR, MAINTENANT, JE MÉRITE D'ÊTRE TRAITÉE COMME TEL !
CHÉRIE, AU FIL DES ANS, TU AS ACCUMULÉ D'ÉNORMES DETTES.
JE T'AI MÊME ACHETÉ TA MAISON DANS LES YVELINES... CE N'EST PAS DE MA FAUTE SI TU DILAPIDES TOUT EN BIJOUX ET EN FOURRURES !
ET MOI, JE VEUX ÊTRE LIBRE DE TRAVAILLER AVEC QUI JE VEUX !
C'EST MOI QUI T'AI DONNÉ TA CHANCE, TU NE SERAIS RIEN SANS LE CARROUSEL !
JE COMPRENDS TES AMBITIONS, MAIS LE CARROUSEL, C'EST UNE FAMILLE.
MAIS...
QUOI QU'IL EN SOIT, TU ME DOIS BIEN TROP D'ARGENT POUR T'EN ALLER MAINTENANT...
TU SAIS QUOI ? JE VAIS RETOURNER VOIR MON PUBLIC.

SUR SCÈNE, COCCINELLE NE LAISSA RIEN PARAÎTRE DE SA CONTRARIÉTÉ ET SA PERFORMANCE FUT APPLAUDIE.
BRUNO COQUATRIX, LE DIRECTEUR DE L'OLYMPIA, ÉTAIT PRÉSENT DANS LA SALLE.
PAULETTE, CETTE FEMME EST LA STAR DU MOMENT. IL NOUS LA FAUT À L'OLYMPIA !
MONSIEUR COQUATRIX, VOTRE PROPOSITION ME FLATTE, MAIS JE DOIS BEAUCOUP D'ARGENT À MONSIEUR OUISSMANN...
JE CONFIRME, COCCINELLE NE QUITTERA PAS LE CARROUSEL SANS AVOIR RÉGLÉ SES DETTES.
... OU QU'UN PRODUCTEUR BIEN INTENTIONNÉ LES LUI RÈGLE.
J'ESPÈRE QUE VOUS AVEZ LE POIGNET SOUPLE, CAR LE MONTANT EST À SIX CHIFFRES.
ALLEZ-Y, JE VOUS ÉCOUTE.
VENEZ, MESDAMES, ALLONS FÊTER ÇA.
UNE OPPORTUNITÉ RARE DANS UNE CARRIÈRE S'OFFRAIT À COCCINELLE : JOUER DANS LA MYTHIQUE SALLE DE L'OLYMPIA.

L'OLYMPIA, PARIS, 1963.
ESSAYE AVEC CE COUVRE-CHEF, JACQUELINE.
BRUNO COQUATRIX SUIVAIT LES RÉPÉTITIONS DE CETTE NOUVELLE REVUE QU'IL AVAIT SPÉCIALEMENT ÉCRITE POUR COCCINELLE.
CE SPECTACLE, QUI S'INTITULE "CHERCHER LA FEMME", IL LE PRÉSENTAIT DANS SON PROGRAMME PAR CES MOTS RESTÉS CHERS À JACQUELINE :
"CERTAINS ESPRITS ONT SÛREMENT PENSÉ QUE LA PROMOTION DE COCCINELLE ÉTAIT AVANT TOUT BASÉE SUR LES AVENTURES PHYSIOLOGIQUES DE CETTE JEUNE FEMME...
... UN CHANGEMENT DE SEXE N'ÉTANT PAS UNE AFFAIRE SI COURANTE QU'ON NE PUISSE EN TIRER UNE PUBLICITÉ PLUS OU MOINS TAPAGEUSE. HÉLAS, SUR LA SCÈNE D'UN MUSIC-HALL, LA VÉRITÉ EST TOUT AUTRE !
LE PUBLIC, DÈS LA DEUXIÈME MINUTE DU SPECTACLE, SE MOQUE ÉPERDUMENT DU SEXE DE L'ARTISTE ET DE SA VIE PRIVÉE. LA SEULE CHOSE QUI COMPTE, C'EST SON TALENT.
COCCINELLE
CHERCHER LA FEMME
ET SI J'AI ENGAGÉ MADEMOISELLE COCCINELLE POUR ÊTRE LA VEDETTE DE CETTE REVUE, C'EST PARCE QUE J'AI PENSÉ, AVANT TOUT, QU'ELLE POURRAIT MENER LA TÂCHE À BIEN, MIEUX QUE N'IMPORTE QUI...

... PARCE QU'ELLE REPRÉSENTE EXACTEMENT CE QUE LE PUBLIC ATTEND D'UNE VEDETTE...

... ET PARCE QU'ELLE LE FAIT NON SEULEMENT GRÂCE À SA BEAUTÉ, MAIS AUSSI GRÂCE À DES QUALITÉS ARTISTIQUES QUE J'AI RAREMENT RENCONTRÉES...

DÈS LA "PREMIÈRE", ON OUBLIERA VITE CE QUE FUT COCCINELLE ET CE QUE FUT SA VIE. ON NE SE SOUVIENDRA QUE D'UNE ADORABLE JEUNE FEMME QUI CHANTAIT, QUI DANSAIT, QUI JOUAIT LA COMÉDIE AVEC BEAUCOUP DE MALICE, QUI PORTAIT DES PLUMES ET DES PAILLETTES MIEUX QUE PERSONNE ET QUI REPRÉSENTAIT PARIS AVEC UN EXTRAORDINAIRE ÉCLAT."
COCCINELLE FIT SALLE COMBLE DURANT NEUF MOIS AVEC LE SPECTACLE "CHERCHER LA FEMME", UN VÉRITABLE RECORD.

RIO DE JANEIRO, 1964.
EN GUISE DE REPOS APRÈS CETTE PÉRIODE D'ACTIVITÉ INTENSE, COCCINELLE ET MARIO DÉCIDÈRENT DE SÉJOURNER AU COPACABANA PALACE POUR DE COURTES VACANCES.
COPACABANA PALACE
DANS CET HÔTEL, À LA MÊME PÉRIODE, SÉJOURNAIT UN CÉLÈBRE PRINCE ALLEMAND.
CE PRINCE A UN AIR CONCUPISCENT. JE TE VOIS LUI RENDRE SES REGARDS.
CHÉRIE, TU EXAGÈRES !
TU ES SÛRE DE NE PAS VOULOIR VENIR PRENDRE UN VERRE ?
COCCINELLE SE COMPORTAIT DE MANIÈRE DÉCONTRACTÉE TOUT EN GARDANT UN OEIL SUR SON COMPAGNON.

C'EST À CE MOMENT-LÀ QU'ELLE RÉALISA À QUEL POINT ELLE ÉTAIT AMOUREUSE DE MARIO ET QU'ELLE NE VOULAIT PAS LE PERDRE.
LA SEULE FAÇON DE LE GARDER PRÈS D'ELLE, ELLE EN ÉTAIT CONVAINCUE, ÉTAIT DE L'ÉPOUSER LE PLUS TÔT POSSIBLE...
... ET POUR CELA, ILS DEVAIENT IMMÉDIATEMENT RENTRER EN FRANCE.

JE NE T'AI PAS TROUVÉE À LA PISCINE, TOUT VA BIEN ?
J'AVAIS UN PEU MAL À LA TÊTE, ET PUIS JE N'ARRÊTAIS PAS DE PENSER À L'OLYMPIA. C'EST DOMMAGE QUE LE CONTRAT AIT PRIS FIN...
LES PROPOSITIONS NE VONT PAS MANQUER, NE T'INQUIÈTE PAS. PARIS TE MANQUE ?
OUI, RENTRONS, MARIONS-NOUS !
J'AI HÂTE QUE TU DEVIENNES MADAME HEŸNS !
COCCINELLE ET MARIO FIRENT LEURS VALISES, PRÊTS À ÉCRIRE UNE NOUVELLE PAGE DE LEUR HISTOIRE.
COPACABANA PALACE

THOIRY (YVELINES), LE 14 MARS 1966.
VOUS POUVEZ ÉCHANGER LES ALLIANCES.
VOICI MADAME JACQUELINE HEŸNS !
LES MARIÉS CÉLÉBRÈRENT LEUR AMOUR EN PETIT COMITÉ, SEULS LEURS AMIS LES PLUS PROCHES AVAIENT ÉTÉ INVITÉS.
AUX CÔTÉS DE SA FEMME, MARIO NE CACHAIT PAS SON ÉMOTION.
COCCINELLE AVAIT DEMANDÉ À SON AMIE JACQUELINE BOYER D'ÊTRE SON TÉMOIN.
OH, QU'IL EST MIGNON !
JE VEUX ADOPTER CE LAPIN !
ET LA PROCHAINE FOIS, CE SERA UN ENFANT ?
EN GUISE DE LUNE DE MIEL, ILS SE RETIRÈRENT DANS SA MAISON DE NEAUPHLE-LE-CHÂTEAU.

CHÉRIE, L'AVOCAT M'A APPELÉ. APPAREMMENT, IL Y A DES PROBLÈMES AVEC LE FISC.
QUEL GENRE DE PROBLÈMES ?
ÇA RESSEMBLE À DE LA FRAUDE FISCALE... TU AS BIEN PAYÉ TES IMPÔTS ?
JE N'EN SAIS RIEN, JE NE M'Y SUIS JAMAIS INTÉRESSÉE.
DE TOUTE FAÇON, JE N'AI PAS D'ARGENT POUR EUX !
ÇA, ILS S'EN MOQUENT. TU EN AVAIS BIEN POUR ACHETER CETTE MAISON...
ILS LA METTRONT AUX ENCHÈRES ET TU NE POURRAS RIEN Y FAIRE !
AUX ENCHÈRES ?!
ON DEVRAIT PEUT-ÊTRE RETOURNER UN MOMENT EN AMÉRIQUE DU SUD, TU NE CROIS PAS ?
NON !
PARDON, J'AI LA TÊTE QUI TOURNE...
MON AMOUR, JE SERAI TOUJOURS À TES CÔTÉS.
MAIS SI TU TIENS TANT À RESTER, J'AI PEUT-ÊTRE UNE PISTE...

LAQUELLE ?
J'AI REÇU UNE PROPOSITION DU CASINO DE PARIS. ILS VEULENT QUE TU REMPLACES LINE RENAUD DANS SA REVUE.
TIENS, REGARDE ! COMME ÇA, TU POURRAIS REMBOURSER TES DETTES.
CASINO DE PARIS
Parisline
LINE RENAUD
UNE SUPER-REVUE
JE NE REMPLACE PERSONNE. S'ILS ME VEULENT, QU'ILS ME CRÉENT MA PROPRE REVUE !
ENFIN, SOIS RAISONNABLE…
CHÉRI, JE SUIS SÛRE QUE TU TROUVERAS UNE SOLUTION…
IL Y A BIEN UNE POSSIBILITÉ À MADRID, MAIS…
… MAIS TOUS DEUX SAVAIENT BIEN QUE PARTIR MAINTENANT ÉTAIT SYNONYME D'UN ALLER SANS RETOUR.

LES ESPAGNOLS ADORAIENT COCCINELLE. ELLE SE SENTAIT À MADRID COMME CHEZ ELLE MALGRÉ LE RÉGIME EN PLACE QUI RÉPRIMAIT LES FEMMES COMME ELLE.
¡HOLA BELLEZA!
MAIS QU'EST-CE QU'IL FOUT ?!

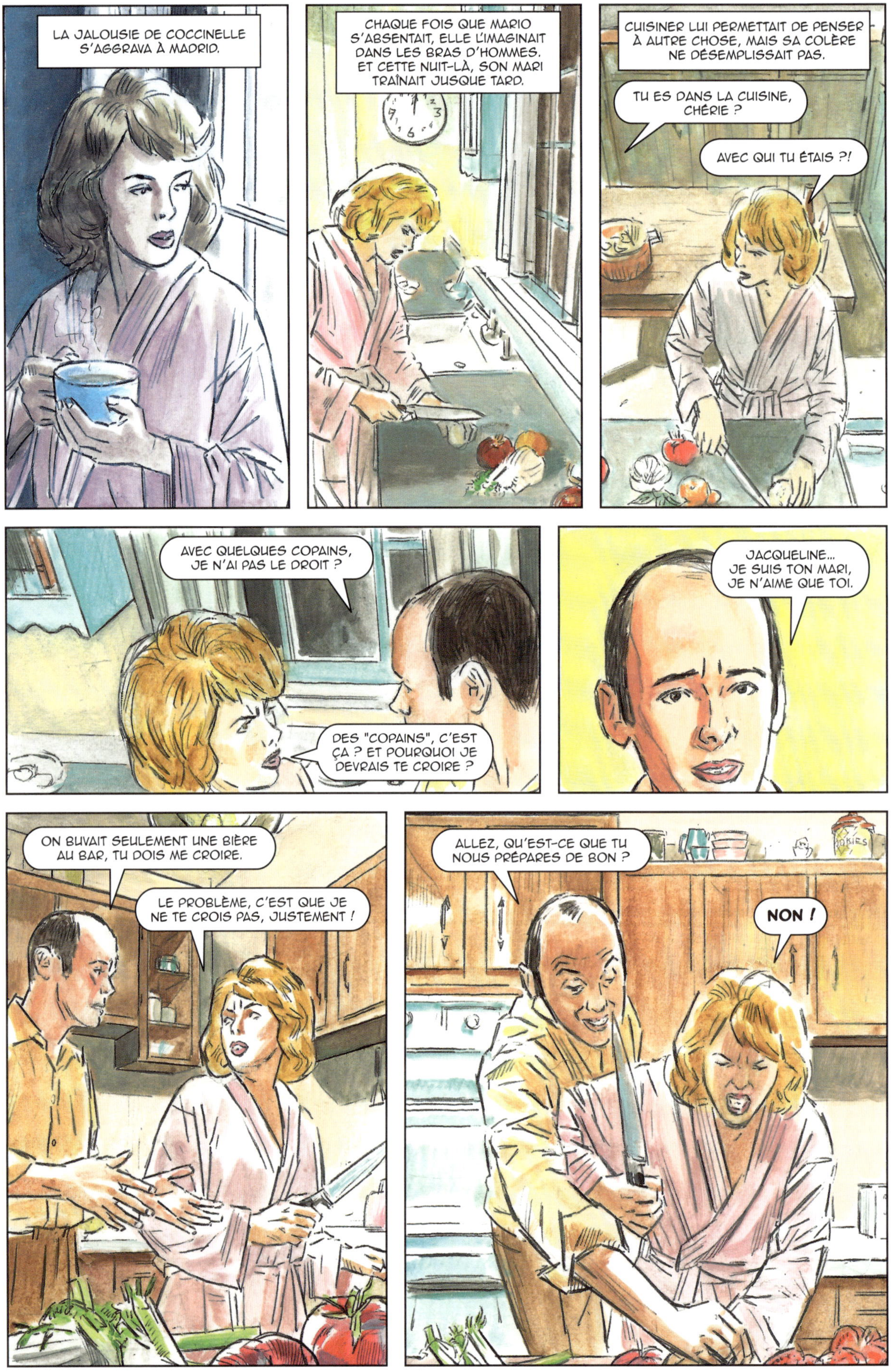
LA JALOUSIE DE COCCINELLE S'AGGRAVA À MADRID.
CHAQUE FOIS QUE MARIO S'ABSENTAIT, ELLE L'IMAGINAIT DANS LES BRAS D'HOMMES. ET CETTE NUIT-LÀ, SON MARI TRAÎNAIT JUSQUE TARD.
CUISINER LUI PERMETTAIT DE PENSER À AUTRE CHOSE, MAIS SA COLÈRE NE DÉSEMPLISSAIT PAS.
TU ES DANS LA CUISINE, CHÉRIE ?
AVEC QUI TU ÉTAIS ?!
AVEC QUELQUES COPAINS, JE N'AI PAS LE DROIT ?
DES "COPAINS", C'EST ÇA ? ET POURQUOI JE DEVRAIS TE CROIRE ?
JACQUELINE... JE SUIS TON MARI, JE N'AIME QUE TOI.
ON BUVAIT SEULEMENT UNE BIÈRE AU BAR, TU DOIS ME CROIRE.
LE PROBLÈME, C'EST QUE JE NE TE CROIS PAS, JUSTEMENT !
ALLEZ, QU'EST-CE QUE TU NOUS PRÉPARES DE BON ?
NON !

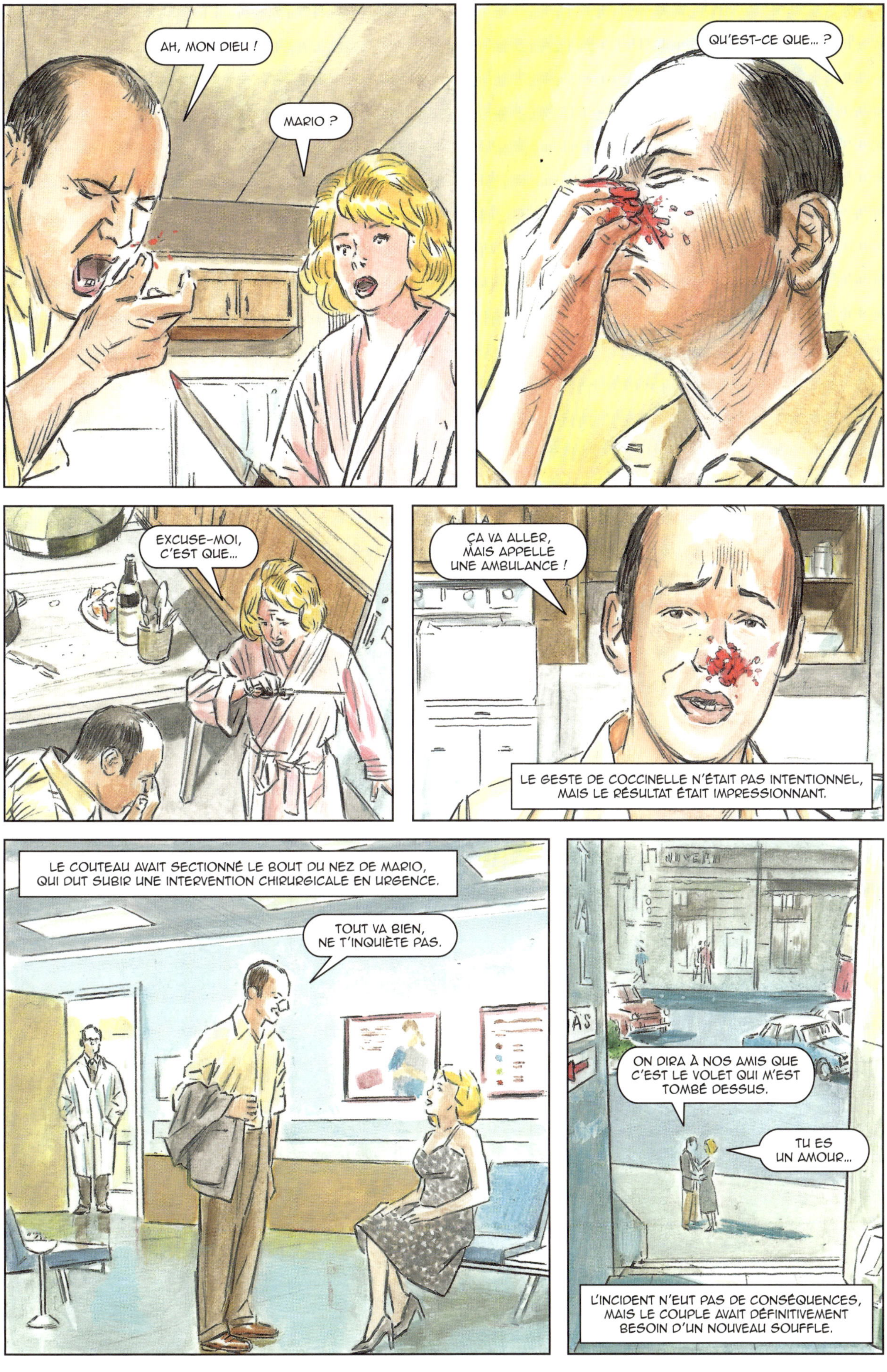
AH, MON DIEU !
MARIO ?
QU'EST-CE QUE... ?
EXCUSE-MOI, C'EST QUE...
ÇA VA ALLER, MAIS APPELLE UNE AMBULANCE !
LE GESTE DE COCCINELLE N'ÉTAIT PAS INTENTIONNEL, MAIS LE RÉSULTAT ÉTAIT IMPRESSIONNANT.
LE COUTEAU AVAIT SECTIONNÉ LE BOUT DU NEZ DE MARIO, QUI DUT SUBIR UNE INTERVENTION CHIRURGICALE EN URGENCE.
TOUT VA BIEN, NE T'INQUIÈTE PAS.
ON DIRA À NOS AMIS QUE C'EST LE VOLET QUI M'EST TOMBÉ DESSUS.
TU ES UN AMOUR...
L'INCIDENT N'EUT PAS DE CONSÉQUENCES, MAIS LE COUPLE AVAIT DÉFINITIVEMENT BESOIN D'UN NOUVEAU SOUFFLE.

"TENGO NECESIDAD DE DEMOSTRAR QUE LA NATURALEZA SE HABIA EQUIVOCADO"
EL NUEVO AMOR DE COCCINELLE
ASI
EL PALMERO
HOY Coccinelle
LOS PONCHOS ROJOS
LICHA REYES
EL PALMERO PRESENTA
L PALMERO
PENDANT LES ANNÉES 1970, COCCINELLE SE PRODUISIT DANS TOUTE L'AMÉRIQUE DU SUD, OÙ SE TROUVAIT DÉSORMAIS SON PUBLIC LE PLUS FIDÈLE. ENTRE DEUX CONTRATS, ELLE REVENAIT RÉGULIÈREMENT À BOGOTA OÙ MARIO AVAIT INSTALLÉ SON ENTREPRISE. SA BEAUTÉ N'AVAIT PLUS L'ÉCLAT D'ANTAN, MAIS ELLE RESTAIT UNE STAR ADULÉE.

LE COUPLE S'AIMAIT TOUJOURS AUTANT, MAIS SE TROMPAIT RÉGULIÈREMENT. À BOGOTA, COCCINELLE EUT UNE BRÈVE LIAISON AVEC UN CULTURISTE.
IL FAUT QUE JE RENTRE ME REPOSER AVANT LE SPECTACLE OU LE DIRECTEUR VA ENCORE ME DISPUTER...
JE PEUX T'AVOUER QUELQUE CHOSE D'ABORD ?
COMME MES AMIS NE CROYAIENT PAS QUE TU ÉTAIS UNE VRAIE FEMME, ON A PARIÉ. MAIS JE SUIS CONTENT D'AVOIR GAGNÉ, PARCE QUE SINON JE CROIS QUE JE N'AURAIS PAS PU...
TU DOIS PRÉSERVER TA VIRILITÉ, C'EST ÇA ?
AU MOINS, JE SUIS RAVIE QUE LA FEMME "RECTIFIÉE" QUE JE SUIS T'AIT COMBLÉ...
À MOINS QUE TU N'AIES UNE CONNAISSANCE SI LIMITÉE DE L'ANATOMIE FÉMININE QUE TU N'AS MÊME PAS REMARQUÉ LA DIFFÉRENCE... ?
ALLEZ, IL FAUT QUE J'APPELLE MON MARI QUI, LUI, N'A JAMAIS DOUTÉ DE MA FÉMINITÉ.
JE T'ÉCOUTE, CHÉRI.
BIEN SÛR QUE JE ME SOUVIENS DE NOTRE RENDEZ-VOUS ! COMMENT J'AURAIS PU OUBLIER LE JOUR LE PLUS IMPORTANT DE MA VIE ?!

DEPUIS DES ANNÉES MAINTENANT, LE COUPLE ENTRETENAIT EN SECRET LE RÊVE D'ADOPTER UN ENFANT.
ENFIN !
SI JE ME DOUTAIS QUE ÇA SERAIT SI LONG DE CONSTITUER LEUR FICHU DOSSIER...
RASSEMBLER DES JUSTIFICATIFS, OBTENIR DES AUTORISATIONS... QUEL CALVAIRE !
MAIS ÇA Y EST, JE VAIS ENFIN DEVENIR MÈRE ! J'AVOUE QUE J'APPRÉHENDE UN PEU...
JE SUIS SÛR QUE TU SERAS MERVEILLEUSE !
NOUS Y VOILÀ !
APRÈS TOI, MAMAN.

BONJOUR, C'EST VOUS QUE J'AI EUE AU TÉLÉPHONE ?
C'EST BIEN MOI. ENCHANTÉE, MONSIEUR ET MADAME HEŸNS.
ALORS, ON PEUT LE RENCONTRER ?
CHAQUE CHOSE EN SON TEMPS, CHÉRIE. D'ABORD, LES PAPIERS.
IL EST JUSTE LÀ, SUR LES MARCHES.
MAIS JUSTEMENT, À PROPOS DU DOSSIER...
VIENS, MARIO, ALLONS RENCONTRER NOTRE FILS !
CHÉRIE, MADAME RODRIGUEZ NOUS A DIT D'ATTENDRE.
BONJOUR, BONHOMME !
S'IL VOUS PLAÎT, J'AI QUELQUE CHOSE D'IMPORTANT À VOUS DIRE...

ON VA TROUVER UNE SOLUTION, JACQUELINE.
NON, JE N'EN PEUX PLUS D'ATTENDRE ET D'ESPÉRER EN VAIN !
ALLONS-NOUS-EN.
ON A ATTENDU SI LONGTEMPS, ON NE PEUT PAS ABANDONNER MAINTENANT. LA PROCHAINE FOIS SERA LA BONNE !
COMMENT TU PEUX EN ÊTRE SI SÛR ? QU'EST-CE QUI TE DIT QUE LA PROCHAINE FOIS, IL NE MANQUERA PAS ENCORE UNE FICHUE AUTORISATION ?!
ÇA NE TE FAIT RIEN DE ME VOIR SOUFFRIR À CHAQUE NOUVEAU REFUS ?!
NE DIS PAS ÇA, TU SAIS À QUEL POINT JE T'AIME.
JE CROIS QUE JE VAIS RENTRER CHEZ MOI, EN FRANCE.
ON M'A PROPOSÉ UN CONTRAT AU PUSSY CAT, À TOULON.
SI JE SUIS SI IMPORTANTE POUR TOI, ÇA SERA À TOI DE ME SUIVRE, CETTE FOIS.

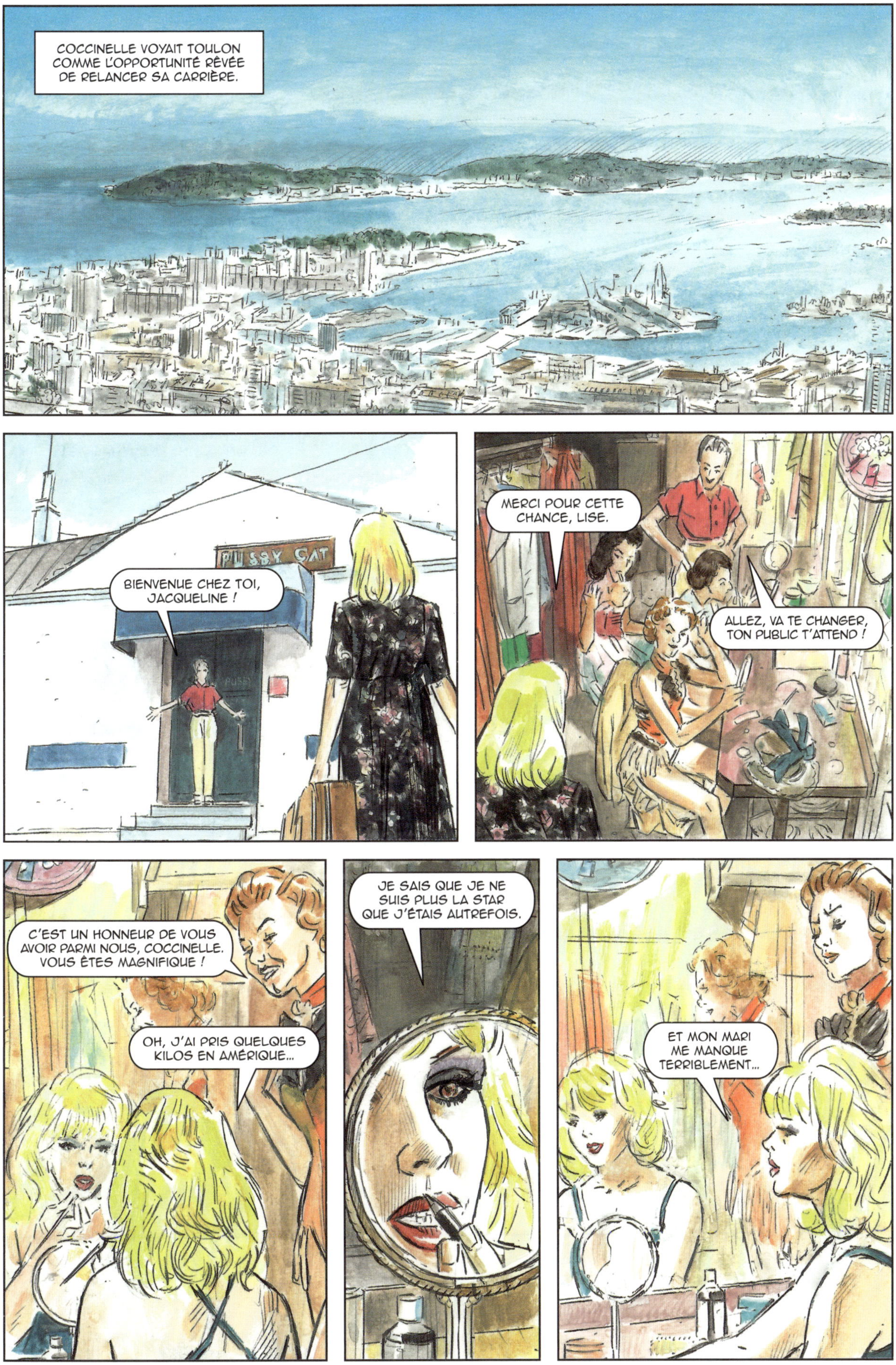
COCCINELLE VOYAIT TOULON COMME L'OPPORTUNITÉ RÊVÉE DE RELANCER SA CARRIÈRE.
PUSSY CAT
BIENVENUE CHEZ TOI, JACQUELINE !
MERCI POUR CETTE CHANCE, LISE.
ALLEZ, VA TE CHANGER, TON PUBLIC T'ATTEND !
C'EST UN HONNEUR DE VOUS AVOIR PARMI NOUS, COCCINELLE. VOUS ÊTES MAGNIFIQUE !
OH, J'AI PRIS QUELQUES KILOS EN AMÉRIQUE...
JE SAIS QUE JE NE SUIS PLUS LA STAR QUE J'ÉTAIS AUTREFOIS.
ET MON MARI ME MANQUE TERRIBLEMENT...

BRAVO !
BRAVO !
JE VOUS AI DÉJÀ VUE À LA TÉLÉ, NON ?
COMMENT VOUS VOUS APPELEZ, DÉJÀ ?
COCCINELLE.
USSY
AT

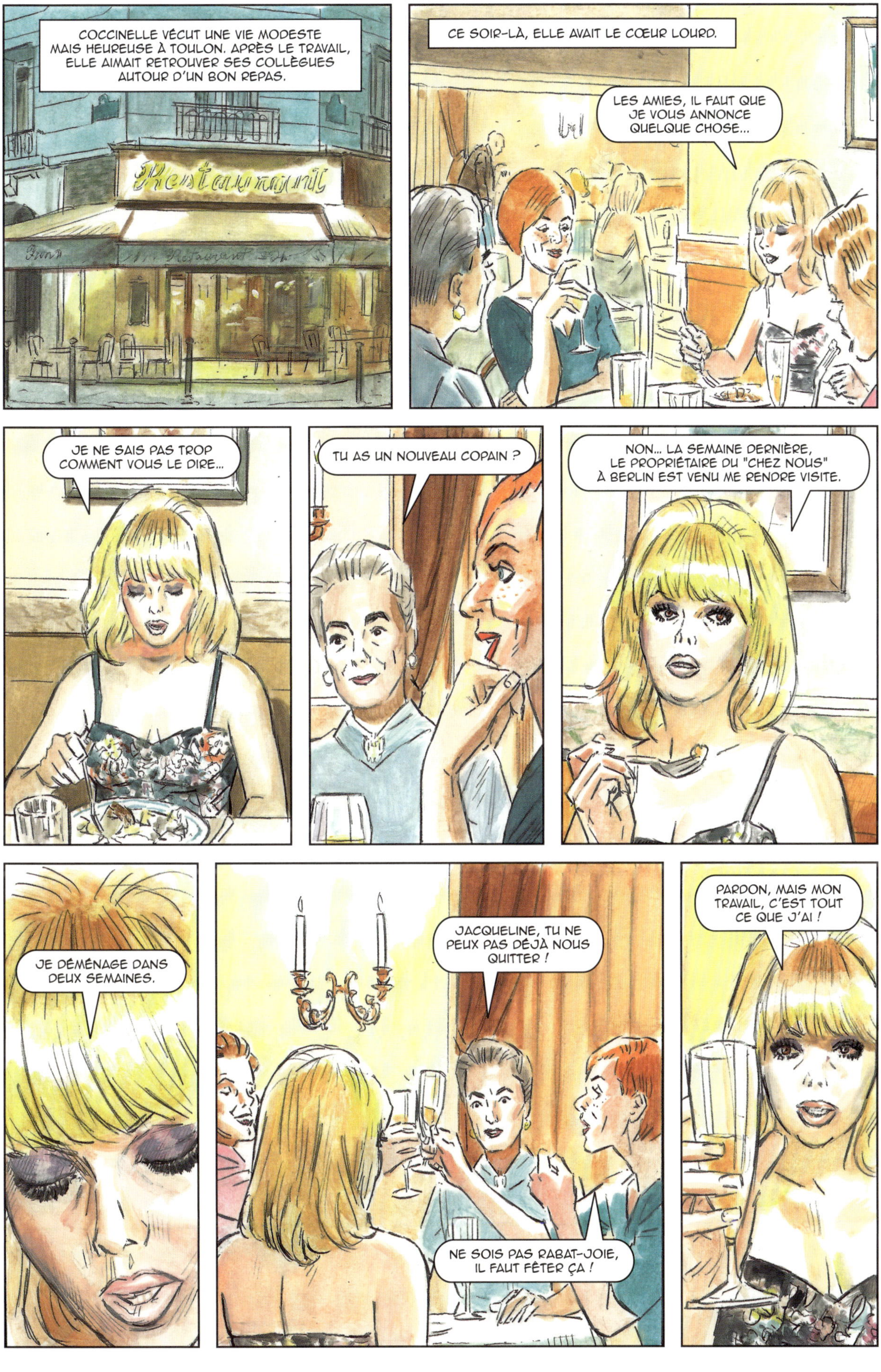
COCCINELLE VÉCUT UNE VIE MODESTE MAIS HEUREUSE À TOULON. APRÈS LE TRAVAIL, ELLE AIMAIT RETROUVER SES COLLÈGUES AUTOUR D'UN BON REPAS.
Restaurant
CE SOIR-LÀ, ELLE AVAIT LE CŒUR LOURD.
LES AMIES, IL FAUT QUE JE VOUS ANNONCE QUELQUE CHOSE...
JE NE SAIS PAS TROP COMMENT VOUS LE DIRE...
TU AS UN NOUVEAU COPAIN ?
NON... LA SEMAINE DERNIÈRE, LE PROPRIÉTAIRE DU "CHEZ NOUS" À BERLIN EST VENU ME RENDRE VISITE.
JE DÉMÉNAGE DANS DEUX SEMAINES.
JACQUELINE, TU NE PEUX PAS DÉJÀ NOUS QUITTER !
NE SOIS PAS RABAT-JOIE, IL FAUT FÊTER ÇA !
PARDON, MAIS MON TRAVAIL, C'EST TOUT CE QUE J'AI !

* CHANTEUSE, DANSEUSE ET ACTRICE QUI A OUVERT SON CABARET À BERLIN EN 1974. PARMI SES VISITEURS, ON COMPTE DES STARS TELLES QUE IGGY POP, FREDDY MERCURY OU ENCORE MICK JAGGER.

Cabaret
TANZ
COCCINELLE
COCCINELLE
Charly
Chernous
CHERCHEZ, CHERCHER LA FEMME...
VOYEZ, JE NE CACHE RIEN, CHERCHEZ BIEN.
EN MOI TOUT LE PROCLAME...
QUE LE MOT FÉMININ, VRAIMENT ME CONVIENT.

* CHANTEUR FRANÇAIS AYANT PRINCIPALEMENT CONNU LE SUCCÈS EN ALLEMAGNE DANS LES ANNÉES 1980.

C'EST AINSI QU'EN 1986, COCCINELLE PUBLIE SON AUTOBIOGRAPHIE "COCCINELLE PAR COCCINELLE". L'ACCORD AVEC SON ÉDITEUR PRÉVOIT QU'ELLE REVIENDRA SE PRODUIRE À PARIS AU MADAME ARTHUR, LÀ OÙ SA CARRIÈRE AVAIT COMMENCÉ QUARANTE ANS PLUS TÔT. MAIS POUR CELA, IL LUI EST DEMANDÉ DE PERDRE QUELQUES KILOS.
COCCINELLE
MADAME ARTHUR
ÇA A L'AIR IDÉAL POUR UN ENTERREMENT DE VIE DE GARÇON ! TU CONNAIS ?
NON, MAIS J'ESPÈRE QUE C'EST AUTORISÉ AUX MINEURS, JEAN-LOUIS N'A PAS ENCORE 18 ANS.
CE SOIR, C'EST UNE CERTAINE COCCINELLE QUI SE PRODUIT.
CONNAIS PAS...
ET EN EFFET, ELLE ÉTAIT LÀ, SOUS LES PROJECTEURS.

POUR JEAN-LOUIS, CE FUT UN INSTANT DE MAGIE PURE, LE COUP DE FOUDRE.
CE SOIR, C'EST DE TOUT FAIRE POUR VOUS PLAIRE…
CHERCHEZ, CHERCHER LA FEMME…
ENTREZ !
COCCINELLE
TOC TOC
CET INSTANT MARQUE LE DÉBUT D'UNE RELATION EXCEPTIONNELLE, TOUJOURS PLATONIQUE, MAIS EMPREINTE D'UNE IMMENSE COMPLICITÉ.
RAVI DE VOUS RENCONTRER.

JEAN-LOUIS ET JACQUELINE ÉTAIENT CONSCIENTS DE LEUR DIFFÉRENCE D'ÂGE, MAIS CE N'ÉTAIT EN RIEN UN FREIN À L'AMOUR QU'ILS RESSENTAIENT L'UN POUR L'AUTRE.
JACQUELINE, VOUS ÊTES UNE CUISINIÈRE HORS PAIR !
IL VA BIEN FALLOIR QU'ON FINISSE PAR SE TUTOYER, CHÉRI.
VIENS, JE VAIS TE MONTRER MA ROBE POUR CE SOIR. LA COUTURIÈRE A FAIT UN TRAVAIL FORMIDABLE.
TU ES SUPERBE, J'ADORE !
MERCI, TON AVIS COMPTE BEAUCOUP POUR MOI.
QU'EST-CE QUE C'EST QUE TOUT ÇA ? DES COURRIERS D'ADMIRATEURS ?
OUI, OU DE GENS DÉSESPÉRÉS QUI VEULENT CHANGER DE SEXE.
ILS CHERCHENT QUELQU'UN QUI PUISSE LES COMPRENDRE.
CERTAINS ONT MÊME ÉTÉ OPÉRÉS PAR DE VÉRITABLES BOUCHERS ET SONT MUTILÉS À JAMAIS...
C'EST TERRIBLE, IL FAUT FAIRE QUELQUE CHOSE POUR EUX !
ON POURRAIT CRÉER UNE ASSOCIATION ! CES PERSONNES ONT BESOIN DE PARLER À DES AVOCATS, À DES MÉDECINS OU À DES PSYCHOLOGUES.
OUI, ILS SONT FACE À DES DÉCISIONS LOURDES DE CONSÉQUENCES.

BRAVO !
BRAVO !
TU AS ÉTÉ EXTRAORDINAIRE !
MERCI, JEAN-LOUIS.
ÇA TE DIRAIT DE PARTIR QUELQUES JOURS À MARSEILLE, JUSTE TOI ET MOI ?
OH OUI, J'AI TELLEMENT ENVIE DE VOIR LA MER !
ALORS, ON PART DEMAIN À L'AUBE !
LA JOURNÉE VA ÊTRE BELLE, J'AI HÂTE D'Y ÊTRE.
AU FAIT, JE VOULAIS AUSSI TE PARLER DE QUELQUE CHOSE, JEAN-LOUIS...
LE MADAME ARTHUR VEUT RÉDUIRE MON CACHET DE MOITIÉ...
MAIS C'EST ABSURDE, LA SALLE EST TOUJOURS PLEINE !
JE SAIS BIEN, MAIS QUE VEUX-TU QUE J'Y FASSE... ?

À LA PLACE, J'AI REÇU UNE PROPOSITION QUI NOUS CONCERNE TOUS LES DEUX.
QU'EST-CE QUE C'EST ?
TU SAIS, CE NOUVEAU CD QUE JE PRÉPARE ? LA MAISON DE DISQUES A EU UNE IDÉE UN PEU FOLLE : ILS VOUDRAIENT QU'ON SE MARIE EN DIRECT À LA TÉLÉVISION POUR LE LANCER.
QU'EST-CE QUE TU EN PENSES ?
JACQUELINE, JE VEUX VIVRE ÇA AVEC TOI, CAR TU ES LA SEULE FEMME QUE J'AIE JAMAIS AIMÉ.
TU ES UN TRÉSOR, JEAN-LOUIS.
EST-CE QUE JE PEUX TE DEMANDER UNE DERNIÈRE CHOSE ?
BIEN SÛR.
APRÈS MA MORT, J'AIMERAIS QUE TU DISPERSES MES CENDRES DEPUIS LES COLLINES D'HOLLYWOOD.
NE DIS PAS DE TELLES CHOSES, TU ES IMMORTELLE, COCCINELLE !
JE T'ADORE, TU ES LE FILS QUE JE N'AI JAMAIS EU !

COCCINELLE S'INSTALLA À MARSEILLE EN 1990 ET Y FONDA, DEUX ANS PLUS TARD, L'ASSOCIATION "DEVENIR FEMME" POUR APPORTER DU SOUTIEN AUX PERSONNES TRANS. SON MARIAGE AVEC JEAN-LOUIS, DÉSORMAIS CONNU SOUS LE NOM DE THIERRY WILSON, EUT LIEU LE 11 AVRIL 1996 ET FUT RETRANSMIS EN DIRECT SUR TF1 COMME LE SOUHAITAIT SON PRODUCTEUR. APRÈS LA CÉRÉMONIE, LES MARIÉS ET LEURS AMIS SE RETROUVÈRENT SUR LE VIEUX PORT DANS UN CLUB PRIVÉ OFFRANT UNE VUE SUR LA BASILIQUE NOTRE-DAME DE LA GARDE, LA BONNE MÈRE SI CHÈRE À JACQUELINE.
COCCINELLE A CONTINUÉ À SE PRODUIRE SUR SCÈNE JUSQU'EN 2000. ELLE PASSAIT SES JOURNÉES ENTRE LE CABARET LOULOU, OÙ ELLE SUIVAIT LES AUDITIONS D'ARTISTES ÉMERGENTS, ET SON LIEU DE PRÉDILECTION : LA PLAGE. ELLE EST DÉCÉDÉE DES SUITES D'UN ARRÊT CARDIAQUE À L'HÔPITAL DE LA TIMONE EN 2006, JEAN-LOUIS ÉTAIT À SES CÔTÉS.

CAHIER PHOTOS

Collection privée de Thierry Wilson

Au cabaret « Chez Coccinelle », Marseille 1996.

Collection privée de Thierry Wilson

Coccinelle chantait « Ça, c'est Paris », au casino de Paris en 1991.

Collection privée de Thierry Wilson

Thierry Wilson (à gauche) et Coccinelle (à droite) dans leur revue « Cherchez la femme », 1992.

Collection privée de Thierry Wilson

Pascal Sevran (à gauche) et Coccinelle (à droite) dans le final de la revue « Paris Casino » au Casino de Paris, 1991.

Collection privée de Marie-Pierre Pruvot

Mariage de Coccinelle et de Francis, 1961.

Collection privée de Marie-Pierre Pruvot

Bambi (à gauche), Coccinelle (au centre) et une amie, 1955.

Collection privée de Thierry Wilson

Coccinelle chez elle à Marseille, 1994.

Collection privée de Marie-Pierre Pruvot - © Droits réservés

Portrait de Coccinelle à l'automne 1954,
tiré du programme du cabaret Madame Arthur.

Collection privée de Thierry Wilson

Coccinelle en cuisine, début des années 2000.

Collection privée de Thierry Wilson

Portrait pour le catalogue d'un salon de coiffure. Photo préférée de Coccinelle, qu'elle gardait précieusement sur sa table de nuit.